ÉTUDES

PHOTOGRAPHIQUES

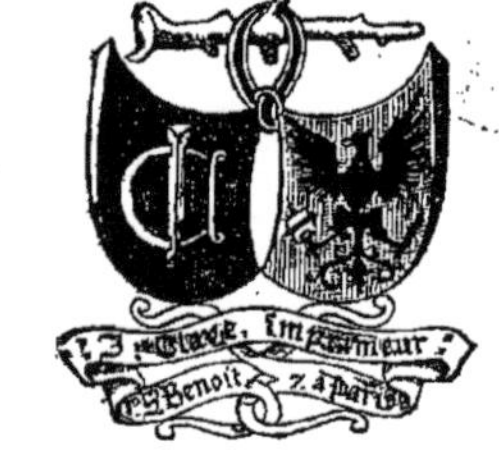

ÉTUDES
PHOTOGRAPHIQUES

PAR

ILDEFONSE ROUSSET

AVEC UNE INTRODUCTION ET DES NOTES

PAR

LOUIS JOURDAN

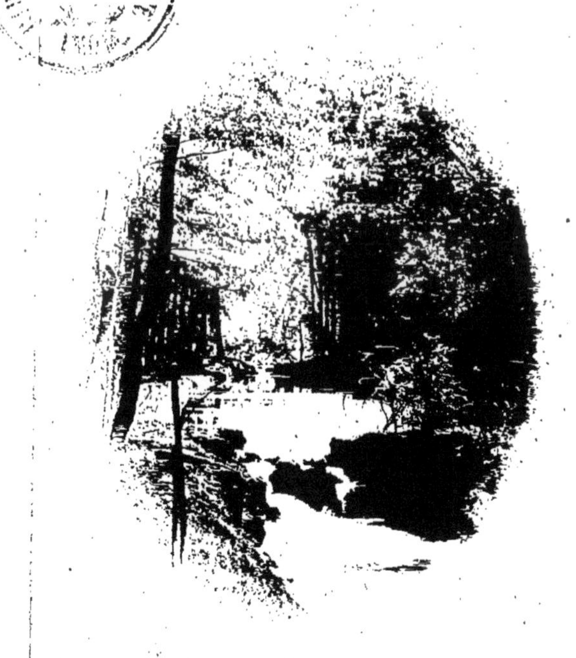

PARIS
MAISON ALPHONSE GIROUX
Boulevard des Capucines, 43

—

M DCCC LXVI

ÉTUDES

PHOTOGRAPHIQUES

———— ⋙⋘ ————

INTRODUCTION.

————

Voici — nous le croyons sincèrement — la solution d'un problème très-controversé depuis le jour où l'invention de Niepce, perfectionnée par Daguerre, complétée par Talbot, a popularisé dans le monde entier les images photographiques.

La photographie, suivant les uns, était aux antipodes de l'art; elle pouvait bien fixer sur une plaque de métal ou de verre, et reproduire ensuite sur le papier, des lignes et des contours, des monuments, des paysages, les traits matériels du masque humain; mais la vie serait toujours absente de ces reproductions, la vie! que l'art seul peut imprimer à ses œuvres immortelles.

D'autres, au contraire, tout en reconnaissant que la photographie était susceptible encore de perfectionnements considérables, lui attribuaient une valeur artistique et pensaient que ses productions, par cela seul qu'elles pouvaient atteindre un haut degré de vérité, étaient dignes de figurer parmi les œuvres d'art, l'art n'étant, après tout, que l'expression la plus haute et la plus idéale de la vérité.

1

A cette dernière théorie il ne manquait qu'une chose — une chose essentielle, il est vrai! — c'était la démonstration pratique, et Dieu sait combien de courageux et infatigables efforts ont été tentés, soit par de riches amateurs, soit par quelques photographes de profession, pour la fournir. Nous serions injuste et ingrat si nous ne saisissions cette occasion de rendre un public hommage à de si louables tentatives que la *Société française de Photographie* a encouragées avec un zèle et une intelligence au-dessus de tout éloge.

M. Ildefonse Rousset nous paraît être le premier qui ait fourni cette démonstration complète, et, pour s'en convaincre, il suffira de feuilleter le présent recueil. Chacune des photographies qui le composent est un tableau réunissant toutes les qualités d'arrangement et de style que le plus habile paysagiste ou peintre de genre eût recherchées. Le mérite de M. I. Rousset n'est pas d'avoir obtenu des clichés et des épreuves d'une très-grande pureté; ce mérite, tous les praticiens exercés au maniement de l'objectif l'auraient eu au même degré. Mais ce qui distingue l'œuvre en tête de laquelle nous écrivons ces lignes, ce qui lui imprime un cachet essentiellement original et une portée artistique exceptionnelle, c'est que son auteur ne s'est préoccupé qu'en seconde ligne de l'excellence des procédés photographiques, et qu'avant tout il a cherché passionnément, avec des yeux et une âme d'artiste, les sites, les points de vue, les effets de lumière que la nature compose parfois avec une désespérante et inimitable perfection. Il ne s'agit que de trouver ces tableaux tout faits, d'en sentir la beauté, la puissance, de saisir le moment où la lumière donne à ces tableaux toute leur valeur et tout leur relief; ceci est l'affaire de l'artiste, la besogne matérielle du photographe fait le reste.

Les plus grands paysagistes, il faut bien en convenir, n'ont pas produit autrement leurs chefs-d'œuvre. Vivement impressionnés par un des innombrables et mouvants aspects du ciel, des eaux, de la végétation, ils en ont rapidement saisi et, pour ainsi dire, noté les traits principaux sur leur toile ou dans leur mémoire, et ils ont reproduit, avec le prestige de la couleur, ce qu'ils avaient vu. Le sentiment de l'art, cette intime et profonde perception des beautés de la nature, n'est pas le privilége exclusif des artistes. Chacun de nous porte en lui ce sentiment plus ou moins développé. Le pâtre que vous voyez cheminer là-haut sur le flanc de cette colline,

Tandis que pas à pas son long troupeau le suit;

le marin qui, appuyé sur le bastingage de son navire, contemple la mer immense où se reflètent la pourpre et l'or du soleil couchant; le laboureur qui creuse, en chantant, le sillon où croîtra l'épi nourricier, tous ceux enfin qui sont en contact immédiat avec la nature, peuvent être doués d'un sentiment artistique égal ou même supérieur à celui qui anime la plupart de nos peintres.

Peindre, ce n'est pas amalgamer des couleurs et des lignes avec une certaine harmonie, ce n'est pas inventer au hasard des combinaisons d'ombre et de lumière, imaginer des sites pittoresques, des arbres de fantaisie. Peindre, c'est imiter la nature le plus parfaitement ou le moins imparfaitement possible. C'est elle, c'est cette immortelle nature, toujours variée et toujours la même, c'est cette mère bienfaisante, *alma parens!* qui est l'inspiratrice féconde, la grande maîtresse de l'art, sous toutes les formes que crée le génie humain. Nous ne pouvons rien faire sans elle, ni en dehors d'elle. Les œuvres impérissables que conservent nos musées n'excitent notre admiration que parce qu'elles reproduisent l'aspect idéal de quelques-unes des beautés qui chaque jour frappent nos regards.

Si donc, un de ces hommes que leurs instincts artistiques mettent en communication plus intime avec la nature, un de ces hommes qui en sentent plus vivement les splendeurs, qui s'arrêtent, rêveurs et enthousiastes, devant un site où se trouvent réunies toutes les conditions d'un beau tableau, si un de ces hommes, disons-nous, s'arme d'un appareil photographique et se donne pour mission de fixer sur des plaques de verre les paysages, les scènes qui l'auront ému, nous aurons, non plus de vulgaires photographies, mais bien de véritables œuvres artistiques portant la double empreinte de l'amour de l'art et du sentiment de la nature.

M. I. Rousset est un de ces hommes heureusement doués, et l'œuvre qu'il met aujourd'hui sous les yeux du public le prouve surabondamment.

Est-ce à dire qu'il soit le premier qui ait eu l'idée de mettre la photographie au service de l'art, en comprenant ce mot dans sa plus haute acception? Que Dieu me garde d'exprimer une telle pensée! je serais injuste envers une foule d'hommes consciencieux qui ont sérieusement poursuivi un but analogue à celui que mon ami Rousset s'est proposé d'atteindre et a atteint en effet. Ce que je veux dire seulement, c'est que l'auteur de ce recueil est le premier qui ait exclusivement appliqué ses instincts d'artiste et son habileté de photographe à la reproduction de sites pittoresques, en vue de prouver que la photographie, entre certaines mains, est un instrument de l'art au même titre que le pinceau, le crayon, le ciseau ou le burin.

Rousset ne s'est préoccupé ni des monuments, ni des portraits, ni des statues, ni des groupes; il n'a recherché aucun des succès faciles de la photographie; il n'a pas même songé à exploiter la curiosité qui s'attache à la reproduction des sites étrangers que les bords du Rhin, les glaciers de la Suisse et les paysages de l'Italie offrent en abondance à l'objectif des photographes. Non; il est resté dans le milieu paisible et souriant qui lui avait précédemment fourni les vues attachantes du *Tour de Marne;* il a parcouru en artiste tous les recoins de ce pays charmant qui s'étend de Charenton à Nogent, et ce sont les résultats de ce pittoresque voyage qu'il offre aujourd'hui au public sous le titre modeste d'*Études photographiques.*

Tous ceux qui jetteront les yeux sur ce recueil reconnaîtront, nous l'espérons, la vérité des observations que nous présentions tout à l'heure sur l'union de la nature et de l'art. La plupart des vues que

M. I. Rousset a recueillies sont de véritables tableaux que la nature a composés elle-même avec une merveilleuse intelligence. L'imagination la plus hardie ne pourrait pas plus y ajouter un détail quelconque qu'elle ne pourrait le supprimer, sans nuire à l'harmonie de l'ensemble. Le mérite de l'auteur n'est pas d'avoir photographié habilement ces paysages, il consiste surtout à les avoir patiemment cherchés et trouvés.

L'ouvrage que nous présentons au public est divisé en dix livraisons contenant quatre photographies. Nous ferons précéder chacune de ces livraisons de quelques mots explicatifs, mais il ne sera pas inutile d'examiner ici l'ensemble de ces *Études* qui, dans notre pensée, sont destinées à venir puissamment en aide aux artistes et à les réconcilier avec l'invention de Daguerre.

Pauvre Niepce! pauvre grand homme! ceux-là même qui reconnaissent la priorité de tes travaux et de *tes* découvertes sont entraînés, par la force de l'habitude, à prononcer le nom de Daguerre avant le tien, comme on prononce le nom d'Améric Vespuce avant celui de Christophe Colomb! ils avaient pourtant tous deux, Colomb et Niepce, des prénoms significatifs qui ne faisaient pas présager l'injustice dont ils seraient victimes. *Christophe!* porteur du Christ! Niepce avait le prénom de *Nicéphore,* porteur de victoire!

Fiez-vous donc à ces présages! Le monde que le *porteur du Christ* découvrit le premier porte le nom du Florentin Améric Vespuce! et l'invention du *porteur de victoire* a reçu le nom de Daguerre!

> Sic vos non vobis mellificatis apes!
> Sic vos non vobis nidificatis aves!

Nul autre que toi, du moins, ô Virgile! n'a signé ton *Énéide!*
Mais me voici loin, ce me semble, des *Études photographiques* et des bords de la Marne, et du Fond de Beauté, et de l'Ile d'Enfer et de tous ces sites charmants si chers à la jeunesse!

Je parlais de tableaux, de vrais tableaux composés avec un art exquis. Voyez celui qui représente le cours de la Marne pris en amont du barrage de Créteil. Quel artiste eût mieux combiné ces lignes, cet effets de lumière, eût baigné ce paysage d'une plus molle vapeur? quels tons doux et vrais ! comme ce fleuve transparent reflète bien l'harmonieuse végétation de ses bords !

Voici une *Allée de noyers* qui se perd au loin dans un fond inondé de lumière. On dirait la nature idéalisée par le crayon d'un grand artiste, et cependant la nature seule fait tous les frais de cette délicieuse composition.

On dirait que le Poussin s'est inspiré du paysage adorable que M. Rousset intitule *Effet de matin, vue prise des hauteurs de Join-ville*. Tous les plans sont ménagés, la lumière joue à travers les hauts peupliers et l'œil se perd dans les profondeurs de l'horizon.

N'allez pas croire au moins que notre auteur ne recherche que les frais ombrages, les eaux frémissantes, les feuillages épais. Non; voici une vue de l'*Ile d'Enfer* prise par un temps de neige, et elle ne le cède en rien aux riants paysages dont je parlais tout à l'heure. Les grandes allées que nous avons vues tout à l'heure si ombreuses, les voici dépouillées, chargées de givre ; la neige craque sous les pieds du bûcheron pliant sous le faix. C'est saisissant de vérité.

Aimez-vous la rêverie au bord de l'eau, voici une *Journée d'été*, un frais Éden bordé d'arbres et d'ajoncs qui, comme Narcisse, semblent se mirer dans la rivière. Sous ce même titre, une autre photographie nous présente un site tout différent et plus profond.

J'ai dit, et tous ceux qui verront ce recueil croiront, avec moi, que M. Rousset a résolu ce que j'appellerai le problème de l'art dans la nature. En publiant le *Tour de Marne*, il avait commencé à prouver qu'en observant la nature en artiste, en choisissant ses points de vue et ses effets de lumière, un photographe intelligent et doué d'une organisation artistique pouvait produire des œuvres ayant le caractère magistral des œuvres d'art. Il complète aujourd'hui cette preuve.

Mais notre ami ne s'est pas borné à nous donner des paysages d'une rare perfection, son esprit chercheur est allé plus loin. Il a voulu savoir si la photographie pourrait créer des tableaux de genre, rendre le mouvement, l'expression, la physionomie de plusieurs personnages groupés en vue d'une action commune. C'est ainsi qu'il nous donne *les Petits Bohémiens, la Lecture du journal dans une ferme, la Consultation*, etc., etc.

A Dieu ne plaise que je blâme de pareilles tentatives ; elles méritent, au contraire, d'être encouragées. On ne trouve la vérité qu'à la condition de la chercher patiemment et passionnément. Je veux dire seulement que, sous ce rapport, il reste encore beaucoup à faire. La meilleure de ces compositions est celle qui représente un vieillard lisant le journal. Des auditeurs attentifs sont groupés autour de lui et ne cachent pas leurs impressions, tandis que, dans un coin de la salle enfumée, une jeune femme allaite, avec un doux sourire, son nourrisson. Ces groupes sont bien ordonnés, tous ces personnages sont vivants, et je constate ce résultat avec d'autant plus de satisfaction que là précisément était l'écueil, et il est bon de le signaler. L'homme ne se prête pas aussi aisément que les arbres, les eaux, les arches des ponts, etc., etc., aux combinaisons du photographe. Pour faire un beau paysage, celui-ci n'a qu'à le chercher, à le saisir sous son aspect et dans le moment le plus favorables ; pour faire un tableau de genre, il faut de bien autres conditions ; il faut que chaque personnage se pénètre de la pensée de l'artiste, soit artiste lui-même, pour ainsi dire, et pose avec un naturel que semble exclure la préoccupation de l'appareil photographique. Allez donc faire que ces bons paysans, ces enfants, ces femmes conservent leur abandon au moment où le photographe fait entendre ces terribles paroles : « Attention ! Ne bougeons plus ! » La vie, qui n'est autre chose que le mouvement, est certainement antipathique à un ordre de cette nature. Vivre, c'est se mouvoir, et vous dites à la vie d'être immobile ! Comment pouvez-vous saisir la vie et la vérité ? Aussi, je considère comme un tour de force le tableau qui représente ces villageois écoutant la lecture du journal; il est aussi réussi qu'il était possible de le réussir dans l'état actuel des procédés photographiques, dont l'application nécessite une mise en scène presque toujours exclusive du naturel.

J'aime encore une composition qui a pour titre *le Repos* et qui combine fort heureusement les deux manières : paysage et tableau de genre. Au second plan, dans la demi-teinte, au pied d'un grand arbre, des pêcheurs, assis sur l'herbe, prennent leur repas. Mais ces personnages ne sont là qu'un incident, l'œil les abandonne volontiers pour parcourir le paysage qui déroule au loin ses perspectives ravissantes.

Je m'aperçois — un peu tard — que je me laisse aller aux impressions très-diverses éveillées en moi par la vue de cette nouvelle œuvre de Rousset, et je ne songe pas que l'espace réservé à cette introduction a été mesuré assez étroitement. Il me resterait pourtant beaucoup à dire sur ceci et sur cela. Mais tout ne finit pas avec cette introduction, et en analysant chacune des livraisons dont cet ouvrage est composé, j'aurai occasion de revenir sur des points que j'ai à peine indiqués et de toucher à ceux que j'ai passés sous silence.

Je souhaite à l'œuvre de Rousset le succès qu'elle mérite. C'est une œuvre très-sérieuse, plus sérieuse à coup sûr que la modestie de son titre ne le fait supposer. Ces photographies, qui charmeront tant de regards, soulèvent des questions d'art très-graves, très-complexes. La photographie conquiert aujourd'hui ses titres de noblesse.

LOUIS JOURDAN.

encore cette expression, je veux, dès le début, l'expliquer et la justifier.

La couleur, ce n'est pas seulement du vert, du rouge, du bleu ou du jaune artistement combinés, la couleur est aussi l'habile dégradation des teintes, des demi-teintes et des plans. Regardez avec attention la photographie qui nous occupe en ce moment, et vous verrez quelle richesse de couleur s'y développe, comme tous les plans y sont ménagés. Est-ce qu'un lien mystérieux n'unit pas les teintes foncées du premier plan avec les teintes vaporeuses qui se perdent à l'horizon? La couleur résulte précisément de cette harmonie où la nature excelle.

Un puissant effet de lumière donne un cachet particulier au groupe des *Petits Bohémiens*, groupe qui, sans échapper à la critique générale que nous avons précédemment formulée, est d'une vérité puissante.

L. J.

ÉTUDES PHOTOGRAPHIQUES.

Première Livraison.

Mesdames et messieurs! vous allez voir...

Nous nous bornerons maintenant au rôle modeste que remplissent les montreurs de lanternes magiques annonçant l'apparition de *M. le Soleil et de M*^{me} *la Lune.*

Et quelle lanterne magique est plus magique, plus merveilleuse que celle-ci?

Que d'effets variés! que de splendeurs!

Pour commencer, nous trouvons ici quelques-unes des photographies dont nous avons eu déjà l'occasion de parler.

L'Ile d'Enfer, vue par un temps de neige, est d'une délicatesse exquise et d'un fini irréprochable. Ces hauts peupliers dépouillés de feuilles se mirent tristement dans l'eau glacée, dont les tons mats et profonds contrastent avec la neige dont l'île est couverte.

Je préfère, et vous préférez sans doute, comme moi, les sourires du printemps. Contemplez cette *Haute futaie sur les bords de la Marne.* N'enviez-vous pas le sort de cet heureux gamin étendu sur la mousse au pied des arbres qui le protégent de leur ombre? Quel calme et quel repos dans ce frais paysage!

La vue de *la Marne en amont du barrage de Créteil* est d'une admirable richesse de couleur. Les arbres du premier plan se dessinent nettement sur un fond limpide et reflètent dans la rivière leurs masses noires. Puis, une molle vapeur baigne les profondeurs du tableau. Quel artiste pourrait se flatter de mieux faire, de donner à ce paysage plus de poésie et plus de charme? Je parlerai tout à l'heure de la richesse de couleur qui distingue plus particulièrement cette vue de la Marne, et comme il pourra m'arriver d'employer

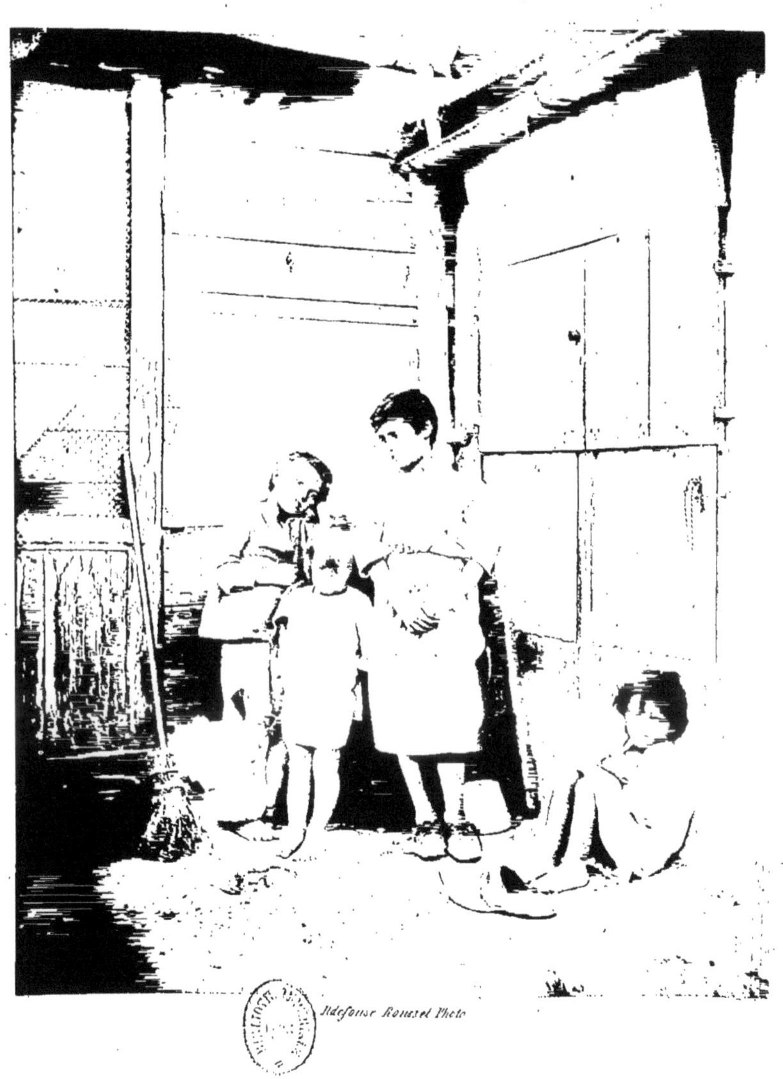

LES PETITS BOHÉMIENS

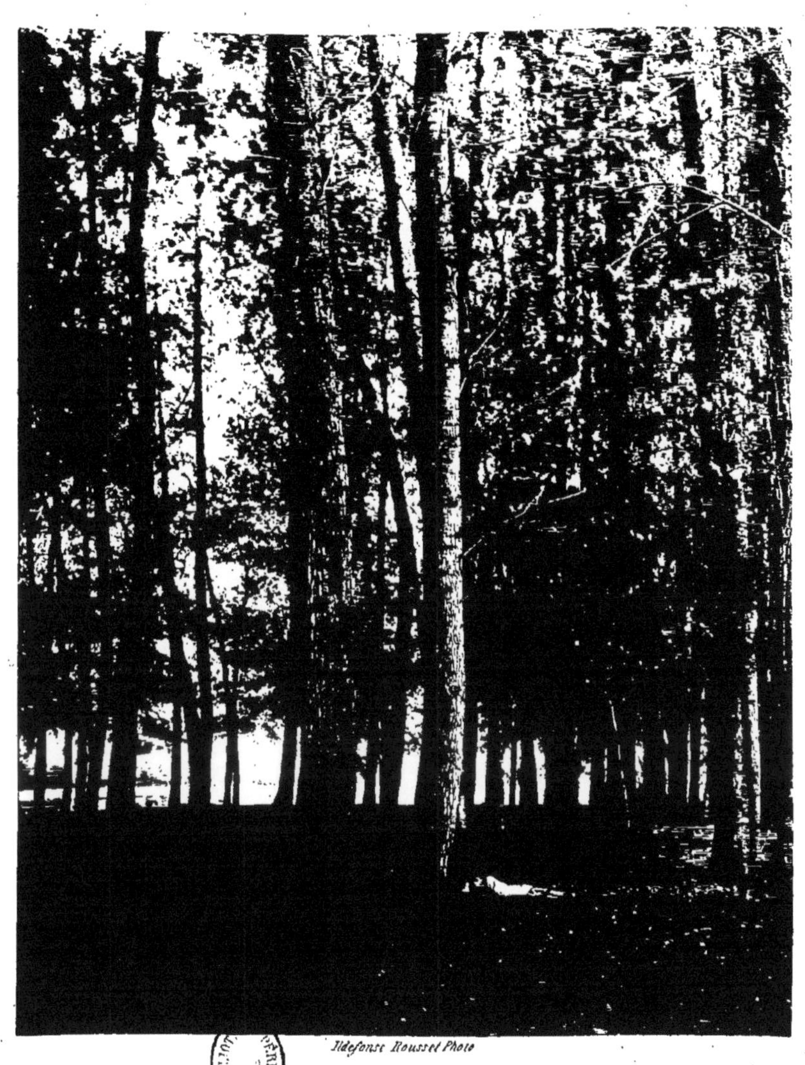

HAUTE FUTAIE

SUR LES BORDS DE LA MARNE

2

Études Photographiques

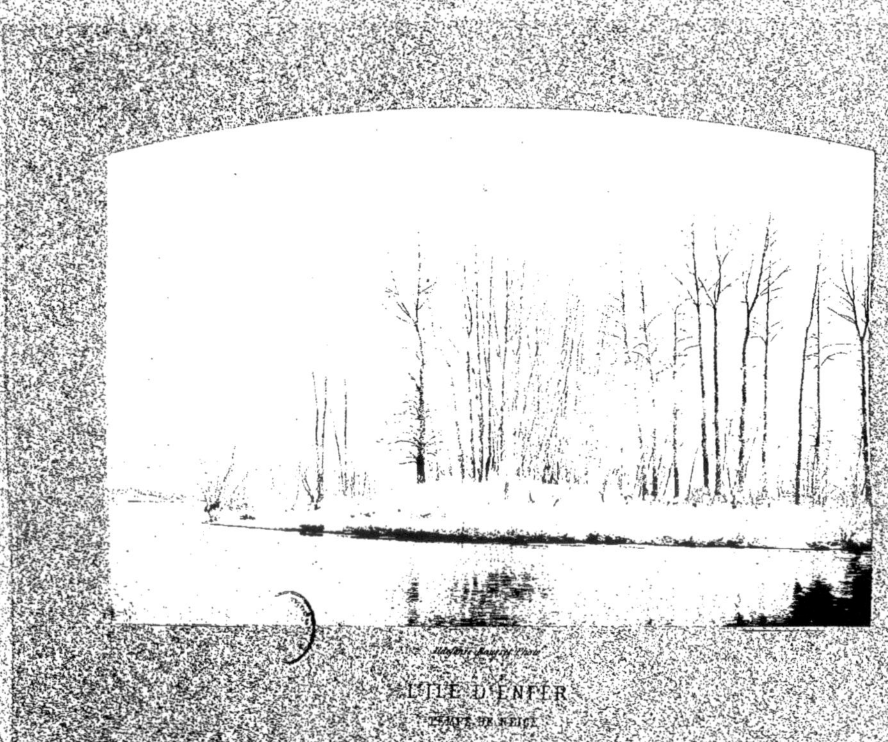

L'ÎLE D'ENFER

TEMPS DE NEIGE

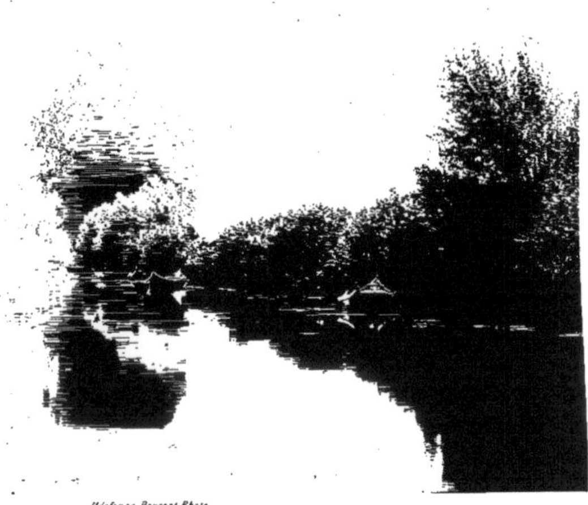

LA MARNE

EN AMONT DU BARRAGE DE CRETEIL

Etudes Photographiques

ÉTUDES PHOTOGRAPHIQUES.

Nous retrouvons encore ici une photographie très-réussie, très-vraie, prise par un temps de neige. L'effet est saisissant; des arbres, aux mille rameaux qui s'entre-croisent, semblent plier sous le faix, comme ce pauvre bûcheron qui revient au logis, chargé de quelques broussailles. Il marche péniblement sur le verglas. C'est beau, mais c'est triste!

Combien je préfère *l'Effet de matin, vue prise des hauteurs de Joinville!* C'est là, sans contredit, une des perles les plus précieuses de l'écrin photographique de Rousset. Ce paysage rappelle certaines toiles du Poussin, et il ne serait pas impossible que ce maître immortel se fût inspiré un jour du magnifique panorama que l'œil découvre des hauteurs de Joinville. Rien ne manque à ce tableau, ni la richesse des tons, ni les lointaines profondeurs, ni les jeux de la lumière. Je ne me lasserais pas de contempler cette merveille, et je crois que vous serez de mon avis.

L'Allée de noyers a un autre charme; mais c'est principalement sur *la Lecture du journal,* que je voudrais un instant fixer votre attention.

J'ai déjà parlé de cette composition et j'en ai parlé avec éloges. C'est qu'en effet, elle résout presque une question considérée jusqu'ici comme insoluble.

Dans une ferme, un paysan, assis devant une table rustique chargée de verres et de brocs, lit, à haute voix, un journal.

Un vieillard, également assis, et un jeune ouvrier debout, dans une pose très-naturelle, prêtent, à cette lecture, une attention soutenue. Près de ce groupe, une jeune mère souriante allaite un bébé que semblent contempler avec admiration deux petites filles, dont l'une est appuyée sur les genoux du vieillard.

C'est là incontestablement un tableau de genre très-réussi. J'applaudis à cette heureuse tentative de Rousset, et je fais des vœux pour que de pareils succès rendent inutiles les réserves que j'ai cru devoir faire sur cette ingénieuse application de la photographie. Ici, le lecteur, les auditeurs, la femme, les enfants ne semblent pas se douter que l'objectif est braqué sur eux. Poses, attitudes, mouvements de physionomie, tout est vrai, tout est naturel. On ne remarque nulle contrainte chez ces braves gens.

Quel peintre pourrait se flatter de mieux faire?

L. J.

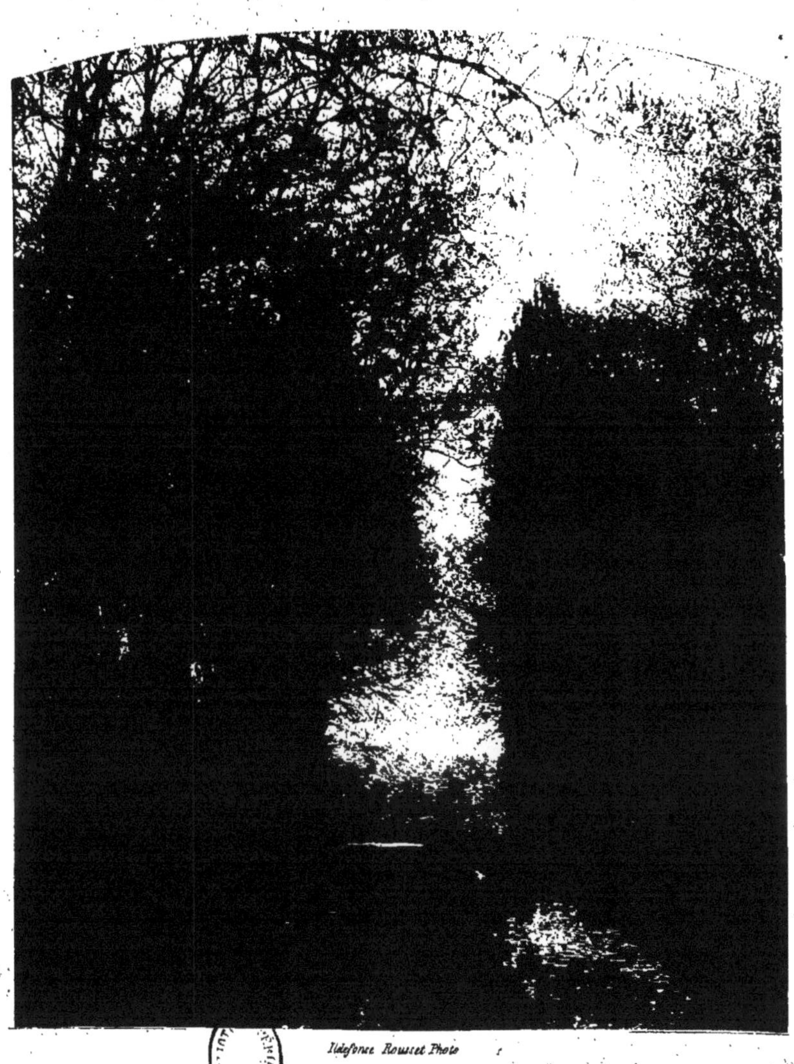

L'ALLÉE DE NOYERS

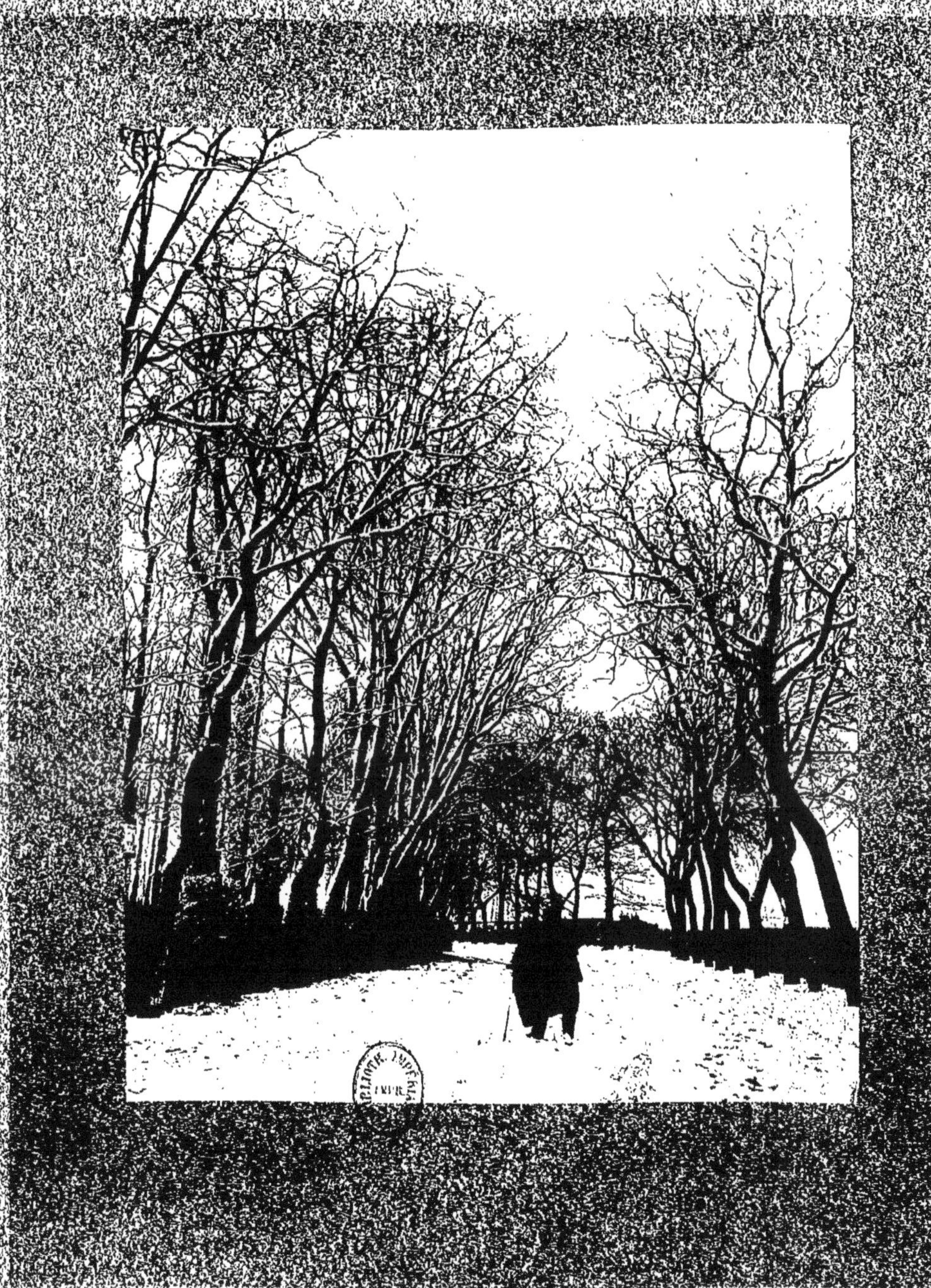

TEMPS DE NEIGE

Photographie par ...

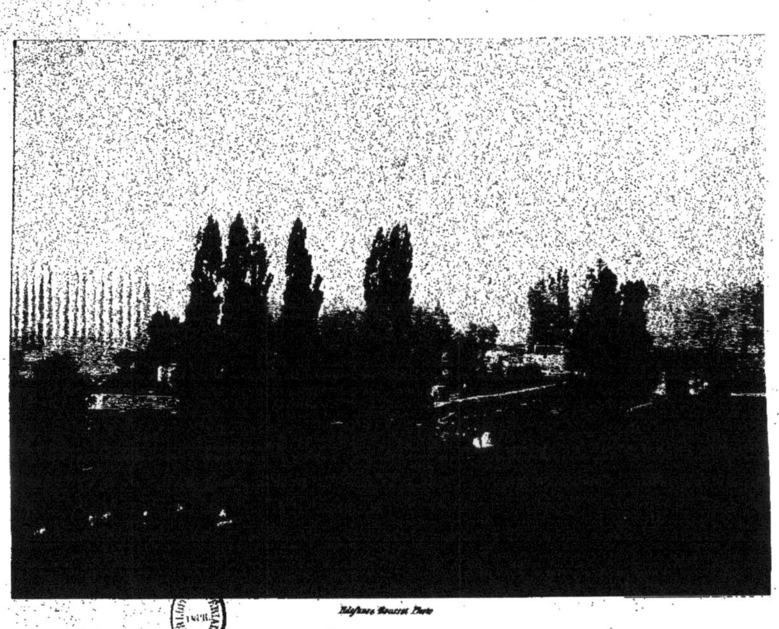

EFFET DE MATIN

VUE PRISE DES HAUTEURS DE JOINVILLE

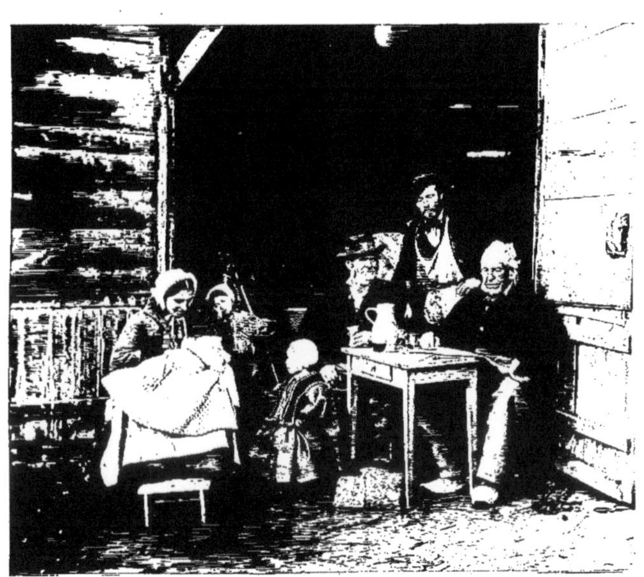

LA LECTURE DU JOURNAL

ÉTUDES PHOTOGRAPHIQUES.

Troisième Livraison.

Voici une tentative d'un autre genre, c'est *une Étude de pivoines*. Elle est moins heureuse, moins saisissante, que celle à laquelle nous devons le tableau représentant *la Lecture du Journal*. Sans doute, ces belles fleurs sont reproduites avec une admirable fidélité, mais il y manque ce que l'on peut appeler la physionomie des fleurs, c'est-à-dire le prestige de la couleur. Allez donc soupçonner, dans cette reproduction, la richesse de tons des pivoines! La palette pourra seule rendre la vie des fleurs, tant que la photographie n'aura pas été perfectionnée au point de reproduire les couleurs naturelles.

Nous retrouvons encore ici *un Effet de neige* très-original, et, comme contraste, *une Journée d'été,* et quelle journée! une de ces températures ardentes que l'été dernier nous a prodiguées. Je ne serais pas surpris que cette photographie eût été prise par 31 degrés de chaleur. La rivière est transparente et la lumière s'y joue en papillotages charmants. De grands arbres s'élèvent sur les bords. Deux jeunes femmes descendent un sentier fleuri. Un bâteau les attend,

> Et vogue la nacelle
> Qui porte nos amours!

Mais la scène change. Voici *le Soir,* un paysage qui fait rêver! La Marne est immobile, le soleil couchant donne aux arbres des teintes mélancoliques. Déjà l'obscurité pénètre sous les fourrés épais. L'eau reflète avec une fidélité scrupuleuse jusqu'aux moindres accidents de ses bords.

J'aime à arrêter mes regards devant la sérénité de ce doux

paysage. En d'autres temps, je me suis assis sous ces arbres, j'ai contemplé ces horizons harmonieux, cette eau limpide. Là, je me suis laissé aller aux longues rêveries. Qui de nous ne retrouvera, au fond de sa mémoire ou au fond de son cœur, devant ce paysage, si calme et si profond, quelques lointains souvenirs, quelque illusion envolée, quelque espérance déçue, quelque rêve évanoui, quelque image adorée ?

L. J.

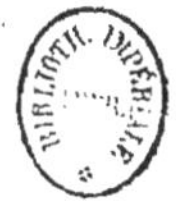

LE SOIR

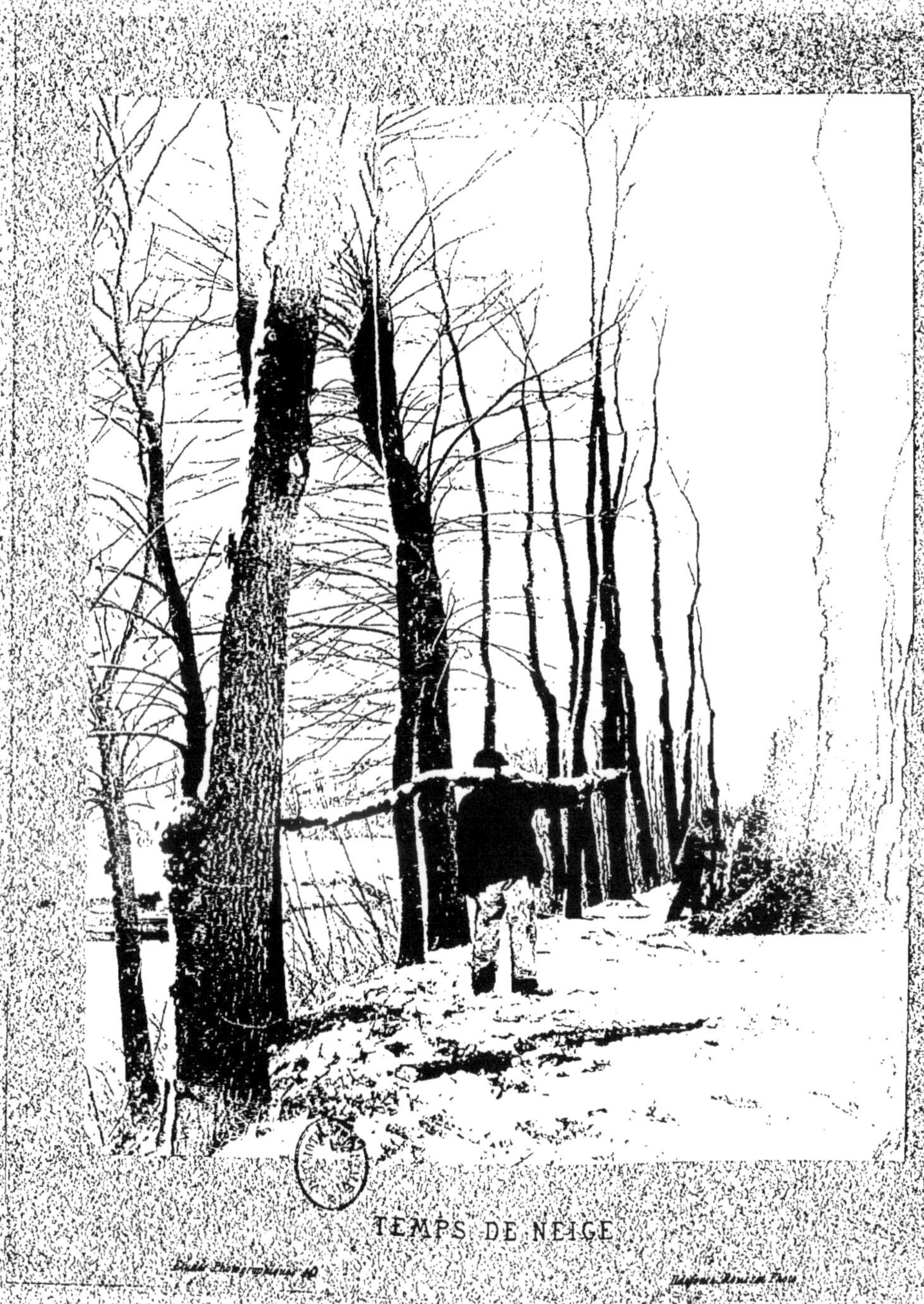

TEMPS DE NEIGE

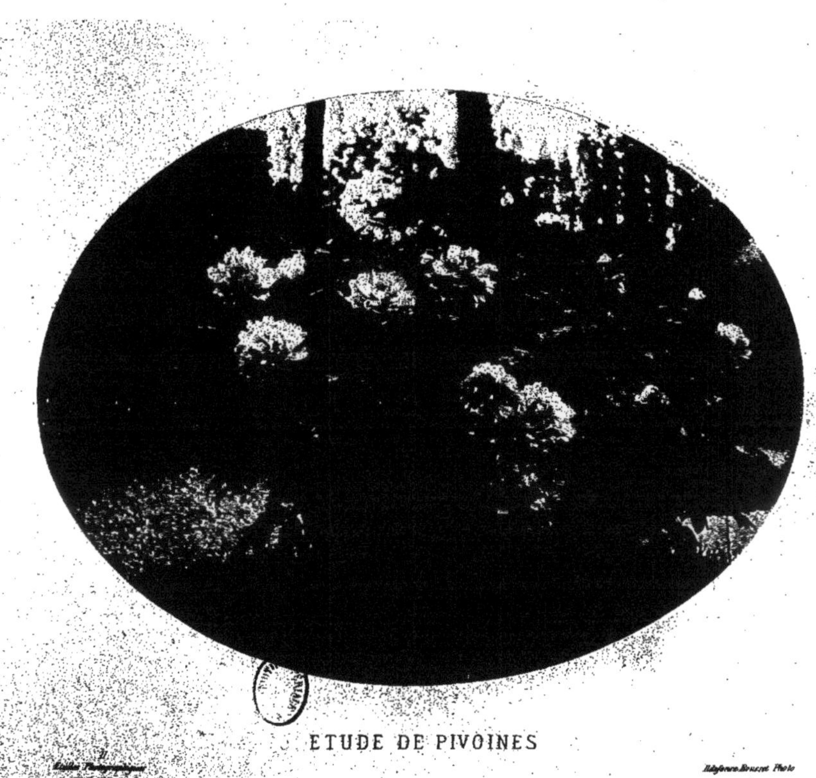

ETUDE DE PIVOINES

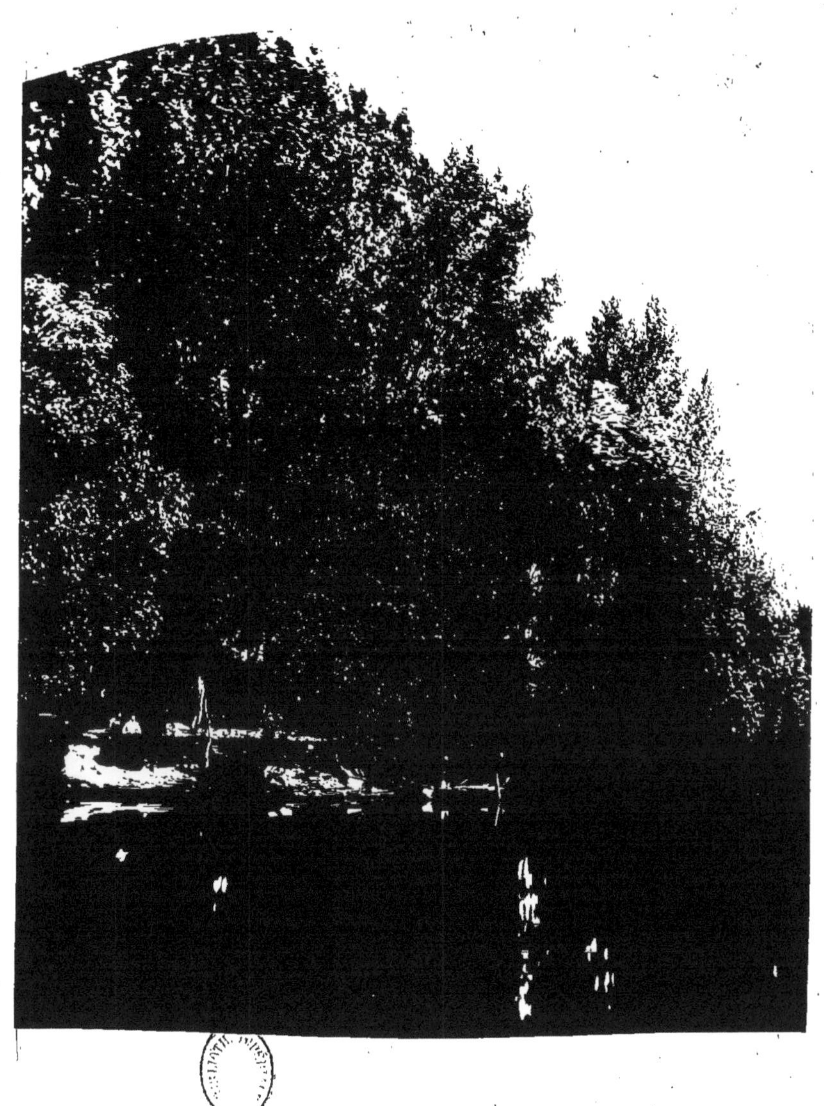

JOURNÉE D'ÉTÉ

Ildefonse Rousset. Phot.

ÉTUDES PHOTOGRAPHIQUES.

Quatrième Livraison.

Nous retrouvons ici *une Journée d'été* qui n'a aucune analogie avec celle dont nous parlions tout à l'heure. On dirait que la chaleur est moins étouffante, que l'air circule plus librement à travers ces hauts peupliers. La lumière aussi est plus abondante. Resserré entre ses deux rives, dont l'une est couverte de roseaux et d'ajoncs, un ruisseau coule paisiblement. L'œil est charmé. Qu'il doit être bon de vivre pendant quelques heures sous ces frais ombrages!

De même que nous retrouvons *une Journée d'été,* nous retrouvons aussi *un Effet de neige* plus réussi peut-être que les précédents. Nous ne sommes plus en rase campagne, mais bien sur une grande route bordée d'un côté par des maisons, de l'autre, par une rangée d'arbres que la neige a littéralement poudrés à blanc.

Deux études, très-différentes, complètent cette livraison.

Au bas d'un escalier, appuyée contre un mur tapissé de lierres et de vignes vierges, est une pauvre enfant, pieds nus, attendant péniblement, sous l'action du soleil, que la photographie ait terminé son œuvre. Sans doute, cette étude est loin de valoir le tableau de genre dont nous avons parlé déjà et qui a pour titre : *la Lecture du Journal;* mais telle qu'elle est pourtant, elle montre tout le parti que la photographie pourra tirer un jour de la nature vivante.

L'autre étude satisfait bien plus le regard, bien qu'elle soit un peu confuse. C'est *une Étude de feuillages* inondés de lumière avec un rideau d'arbres dans le fond. En regardant cette photographie, je songe surtout à l'utilité que de pareilles études peuvent offrir aux peintres. Elles leur portent, pour ainsi dire, la nature à domicile, la nature rendue avec une fidélité désespérante.

Cette étude ne me satisfait pas complétement; je ne puis cependant me lasser d'admirer les arbres placés à droite du premier plan. Quelle vigueur, quelle vérité, et, qu'on me permette d'ajouter, quel coloris dans ces masses de feuillages!

L. J.

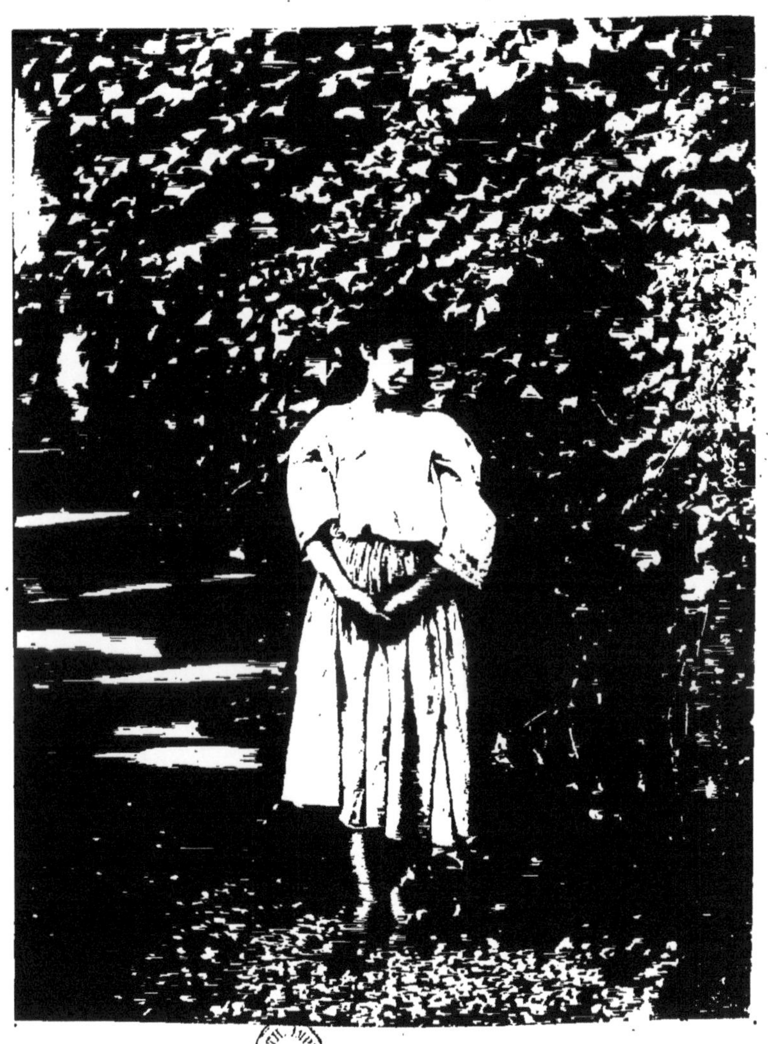

ÉTUDE

Ildefonse Rousset Photo

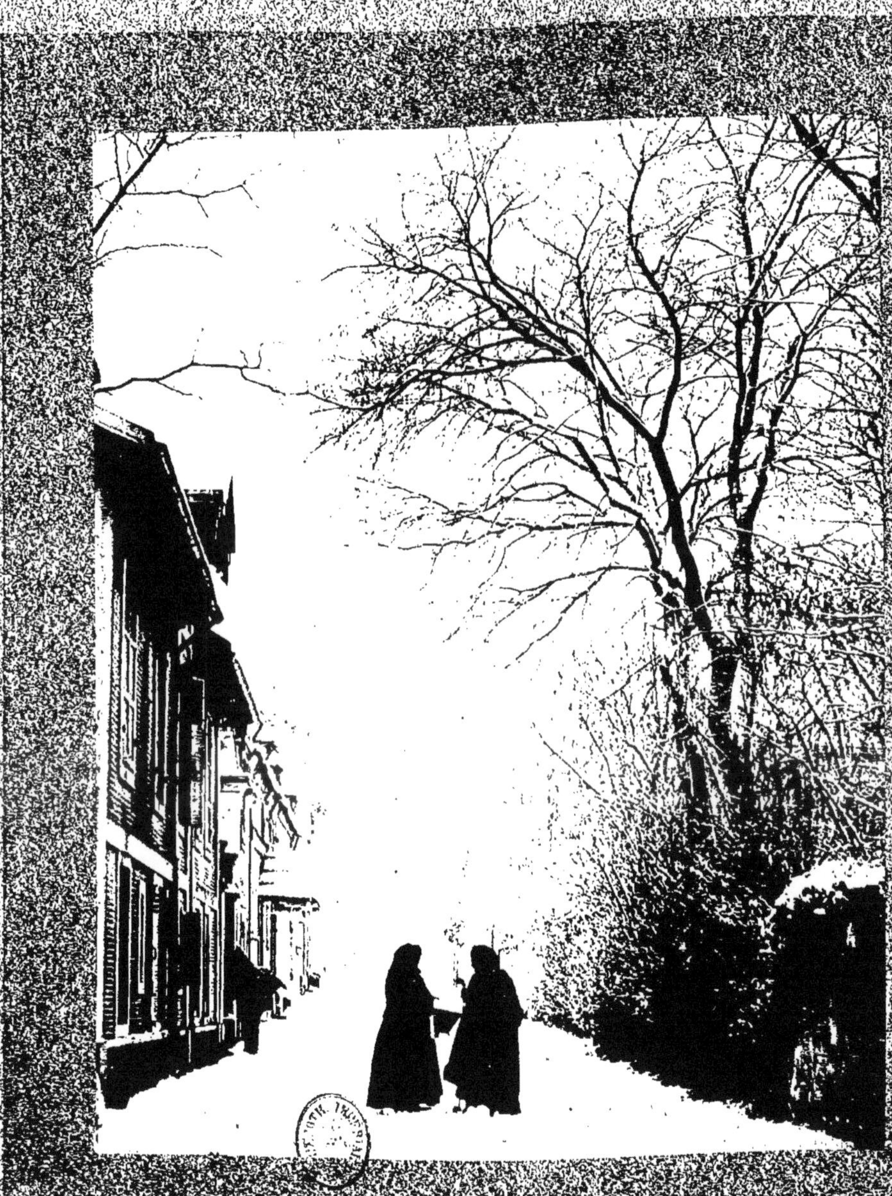

TEMPS DE NEIGE

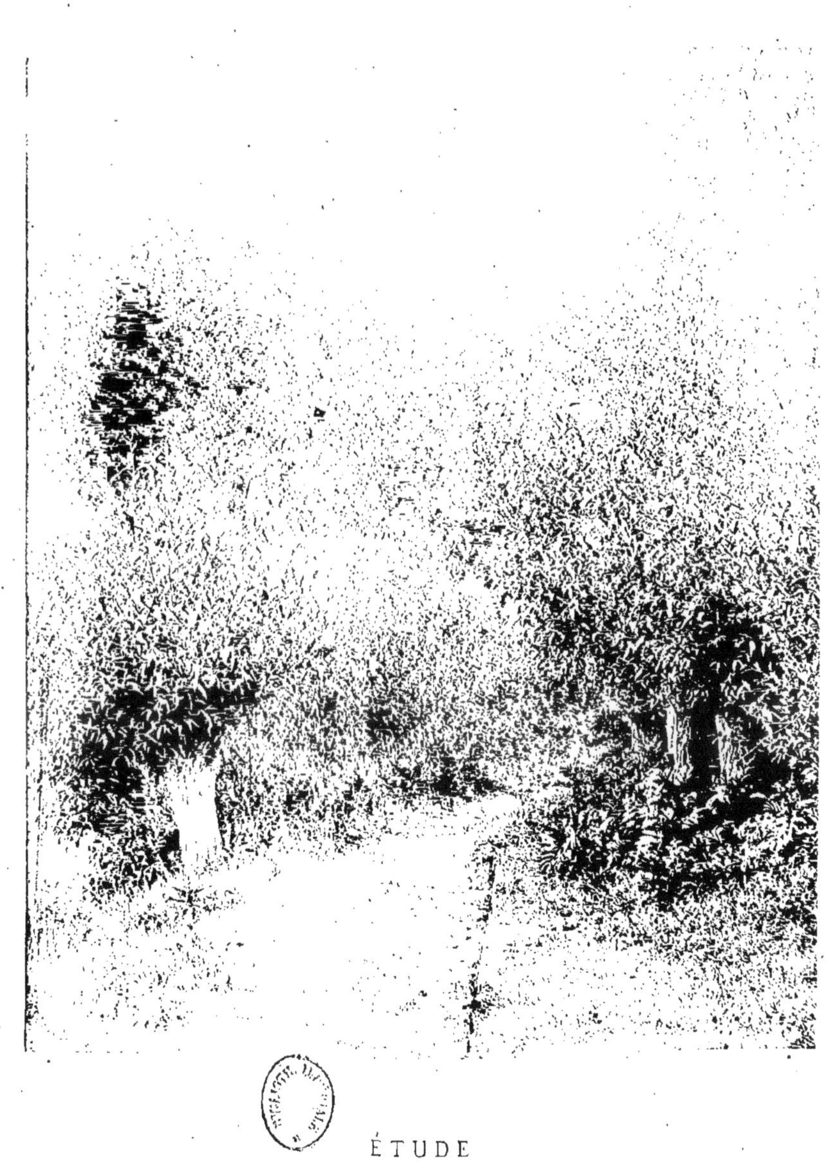

ÉTUDE

 Edefeuse-Roussel Photo

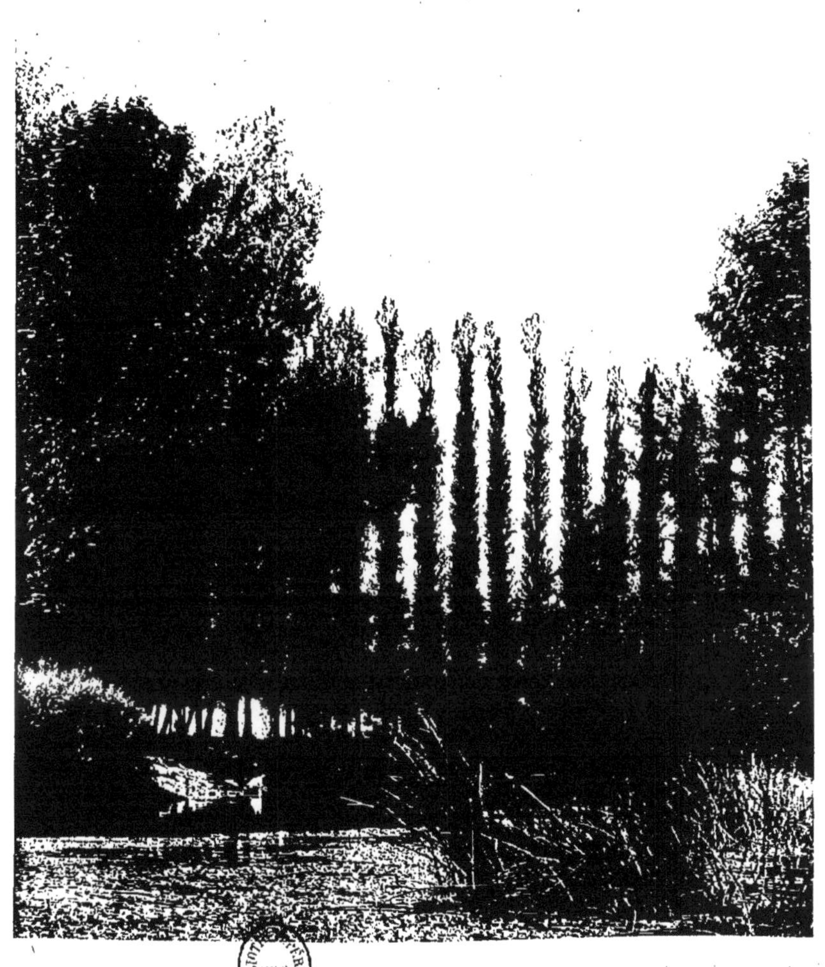

JOURNÉE D'ÉTÉ

Ildefonse Rousset Photo

ÉTUDES PHOTOGRAPHIQUES.

Cinquième Livraison.

Ce n'est certes pas le moulin que j'admire le plus dans la photographie intitulée : *Moulin d'Alfort*. En revanche, tout ce paysage m'enchante. Que serait-ce si, au lieu d'être vu en hiver, on nous le montrait avec ses arbres chargés de feuilles?

Tous les accidents du premier plan sont d'une vérité saisissante et vigoureuse. Quelle transparence dans cet air pur et dans ces eaux paisibles! On remarquera surtout le charmant effet de lumière qui se produit dans le bras de la rivière aboutissant au moulin.

Les Hauteurs de Chenevières ont un genre de beauté qui ne le cède en rien au *Moulin d'Alfort*. Aimez-vous ce *Joueur d'orgue?* Voici un tableau qui serait excellent si tous ces enfants, bien groupés d'ailleurs, au lieu d'être préoccupés du photographe et de son appareil, s'étaient un peu plus occupés du joueur et de son instrument. Une jeune femme assise sur l'herbe et tenant un enfant dans ses bras est seule dans son rôle. Les physionomies des gamins n'en sont pas moins très-vraies et très-amusantes. L'enfant assis dans la brouette, celui qui s'y appuye auprès de lui, le joueur d'orgue sont de petites merveilles. Toutes les poses sont très-naturelles, et, bien qu'il ne vaille pas *la Lecture du Journal*, ce tableau est excellent. L'enfant appuyé contre la brouette est digne du pinceau de Meissonnier.

La photographie intitulée *Étude,* étude d'arbres en hiver, est d'une remarquable perfection. Rien n'y est *flou,* les moindres détails sont nets et le lointain est très-profond. Les arbres du premier plan sont d'une beauté exceptionnelle, et le cours d'eau qui passe à leurs pieds a de très-jolis effets de lumière.

Somme toute, photographie très-réussie.

L. J.

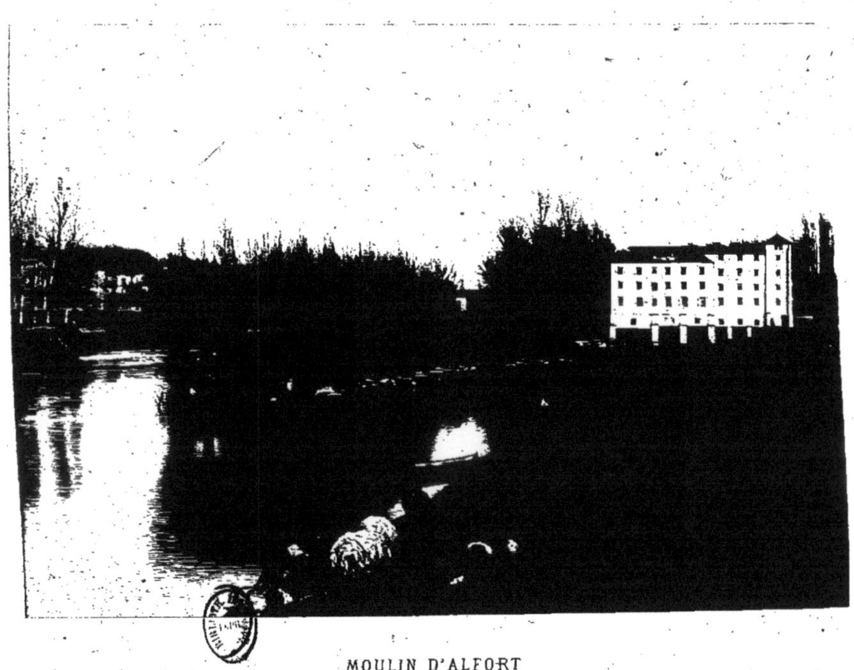

MOULIN D'ALFORT

Adolphe Roussel Photo

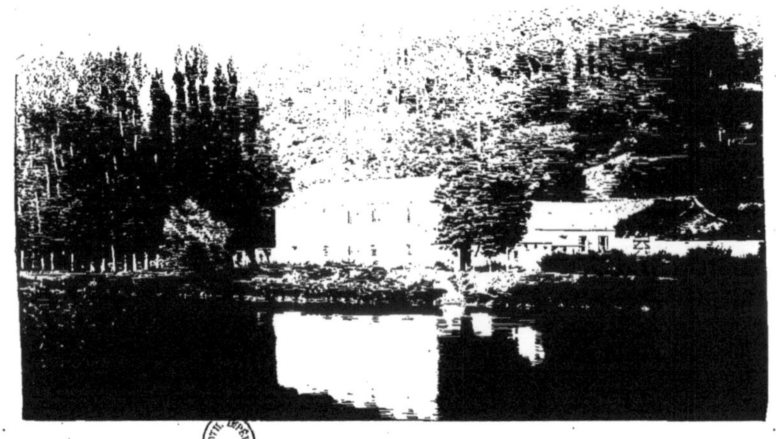

HAUTEURS DE CHENEVIERES

Ildefonse Rousset Photo

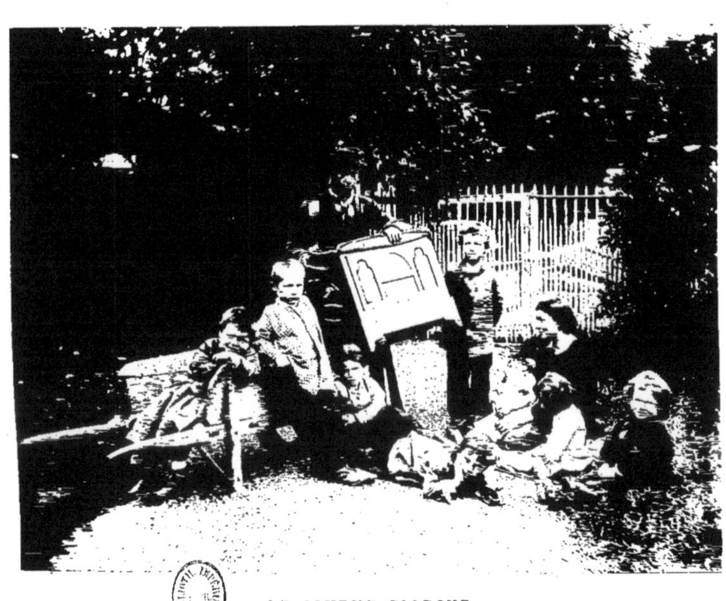

LE JOUEUR D'ORGUE

Etudes Photographiques / 9   Ildefonse Rousset Photo

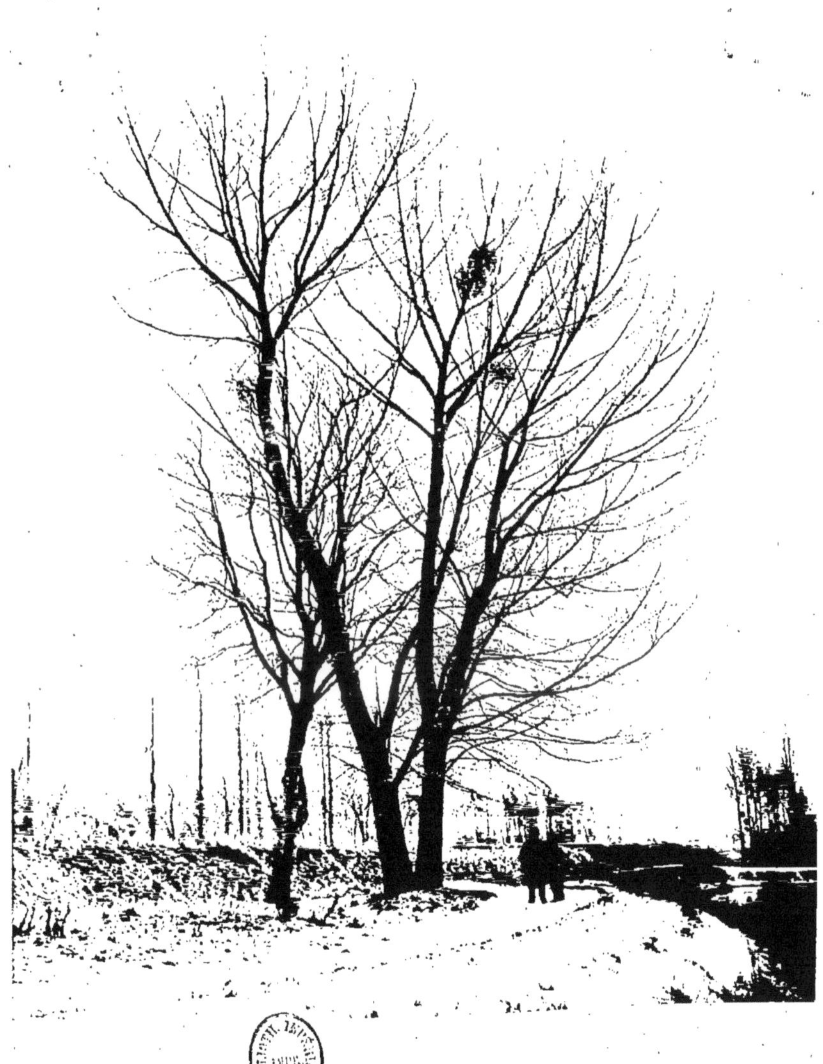

ÉTUDE

Ildefonse Roussel Photo

ÉTUDES PHOTOGRAPHIQUES.

Nous avons vu des effets de matin et de soir, des effets de neige ; vous trouverez, en tournant la page, *un Effet de brouillard* très-remarquable. Deux îlots semblent s'avancer l'un contre l'autre et leurs extrémités ne laissent au fleuve qu'une place circonscrite. Le brouillard est léger et c'est à peine s'il estompe les arbres et leurs reflets dans l'eau engourdie. C'est un tableau charmant, plein de grâce et de mélancolie.

Les Laveuses de Créteil ne sont là que pour égayer le paysage un peu sombre, tant l'ombre est épaisse sous ces arbres gigantesques. Heureusement le soleil passe entre les troncs et porte la vie avec lui. Je vous recommande ce vaste rideau de feuillages, il est vraiment remarquable.

Nous revoici maintenant en présence de deux *Études*, dont l'une appelle des observations analogues à celle que je présentais tout à l'heure à propos du bouquet de pivoines. Cette *Étude* qui représente un rosier chargé de boutons et de fleurs a, de plus que l'autre, l'avantage de prendre la nature sur le fait. Ces roses blanches sont reproduites d'une façon inimitable. Observée séparément chacune de ces fleurs est un chef-d'œuvre et leur ensemble est très-satisfaisant.

La seconde *Étude* est une étude d'arbres tout aussi réussie que celle du rosier, et en même temps un paysage très-heureux.

L. J.

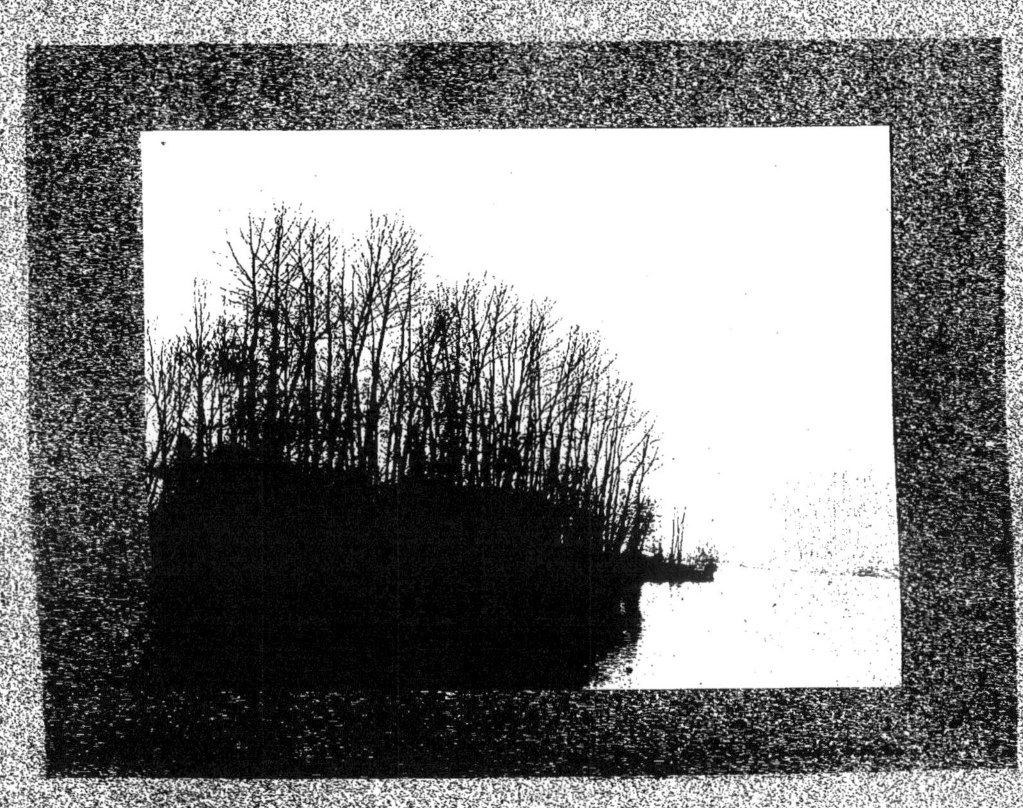

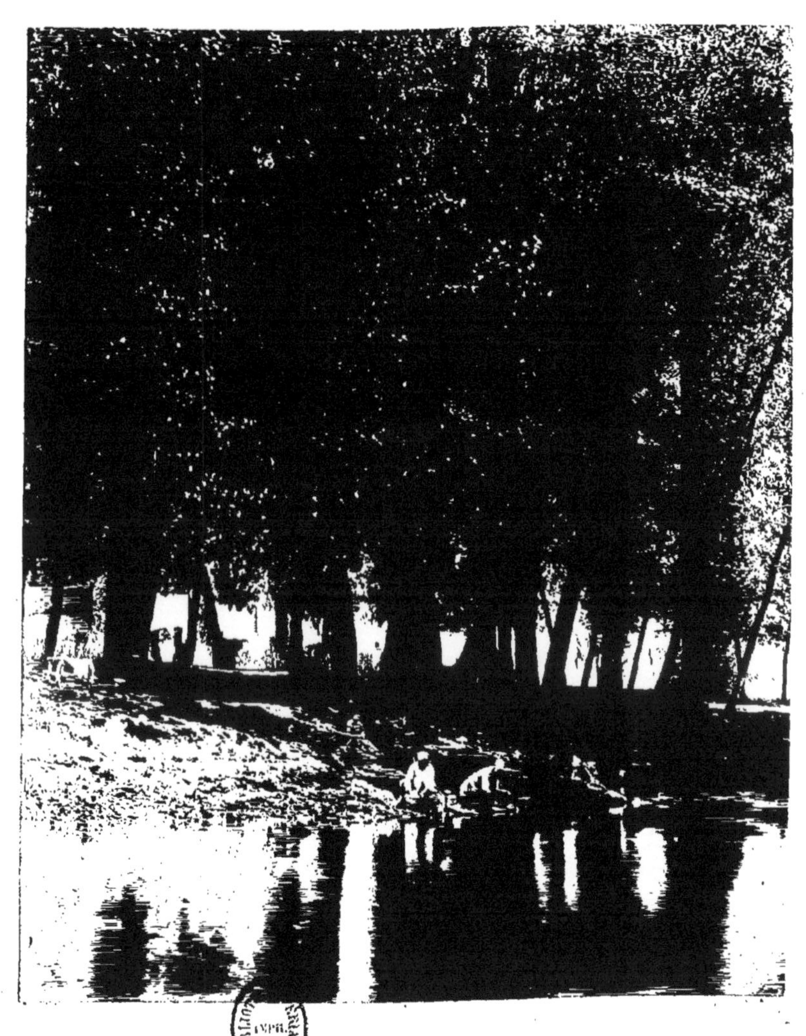

LES LAVEUSES DE CRETEIL

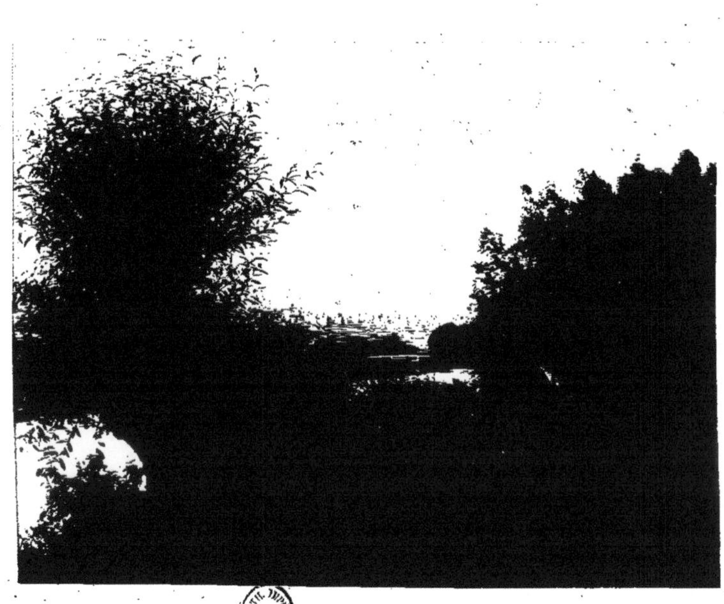

ETUDE

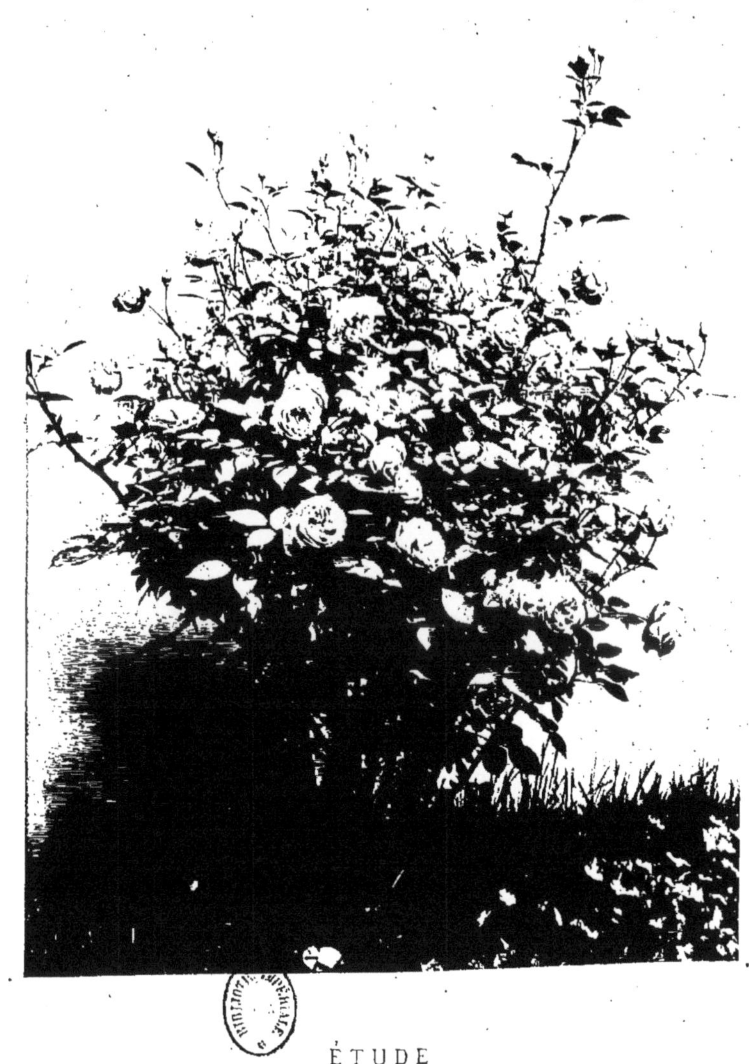

ÉTUDE

Études Photographiques

Ildefonse Rousset Photo

ÉTUDES PHOTOGRAPHIQUES.

Je ne sais ce que vous en penserez, mais l'enfant coiffé du bonnet d'âne, à genoux au beau milieu de *l'École de village*, vaut à lui seul un long poëme. Il est gentil, cet écolier! il a une figure douce et mutine, il fait tout ce qu'il peut pour avoir l'air affligé de sa posture humiliante et de sa coiffure excentrique. Je recommande à votre attention la vieille maîtresse endormie et toute cette nichée d'enfants distraits. Le tableau est bien composé, bien éclairé et plus vivant que ne le sont ordinairement les photographies de ce genre.

Je ne dirais rien du *Temps de neige* placé dans cette livraison, si les lointains n'avaient tant de profondeur et une netteté si remarquable. Ils compensent largement l'insuffisance du premier plan.

Vous admirerez, sans doute, deux *Études* de caractères bien différents. L'une, à la manière noire, d'une grande vigueur de ton; l'autre, vaporeuse, ayant tout le charme d'une gravure anglaise.

Entre les deux mon cœur balance. Ce grand arbre, aux reliefs saisissants, est bien beau; on aimerait, par une chaude journée d'été, se promener dans ce bois sombre. Mais aussi quel charme dans l'autre étude! que cette eau est calme! quelle richesse dans les détails infinis de ces légers feuillages, dans ces jeux de lumière si capricieux! C'est dans le choix des sites qu'excelle I. Rousset, non-seulement dans le choix des sites, mais aussi dans celui des heures propices. Je suis bien sûr que, vu un peu plus tôt ou un peu plus tard, ce paysage si doux n'avait plus le même aspect, le même charme.

Photographier, c'est bien quelque chose, mais être doué du sentiment artistique qui fait qu'on découvre les secrètes beautés de la nature et qu'on les reproduit au moment où elles sont dans tout leur éclat, dans toute leur valeur, c'est plus encore.

L. J.

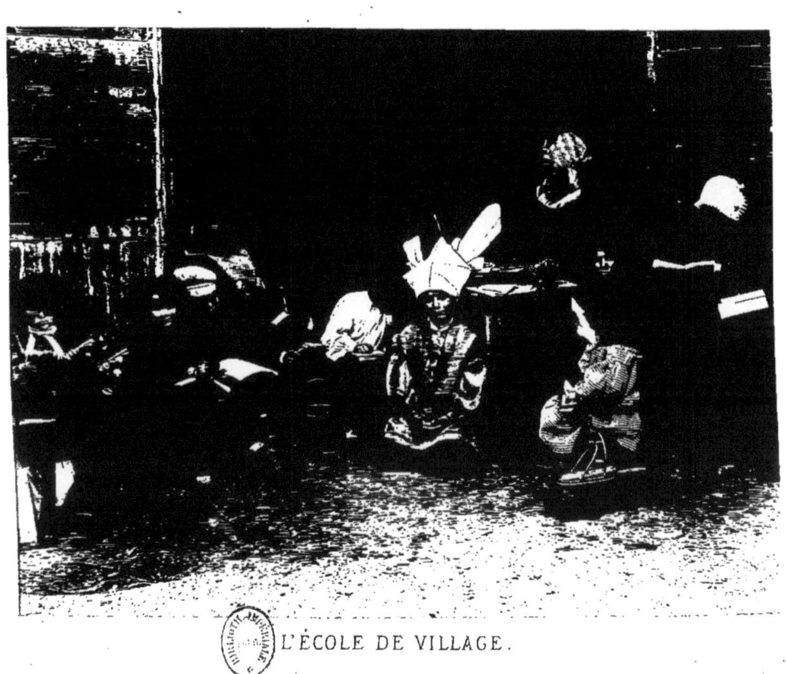

L'ÉCOLE DE VILLAGE.

Ildefonse Rousset. Phot.

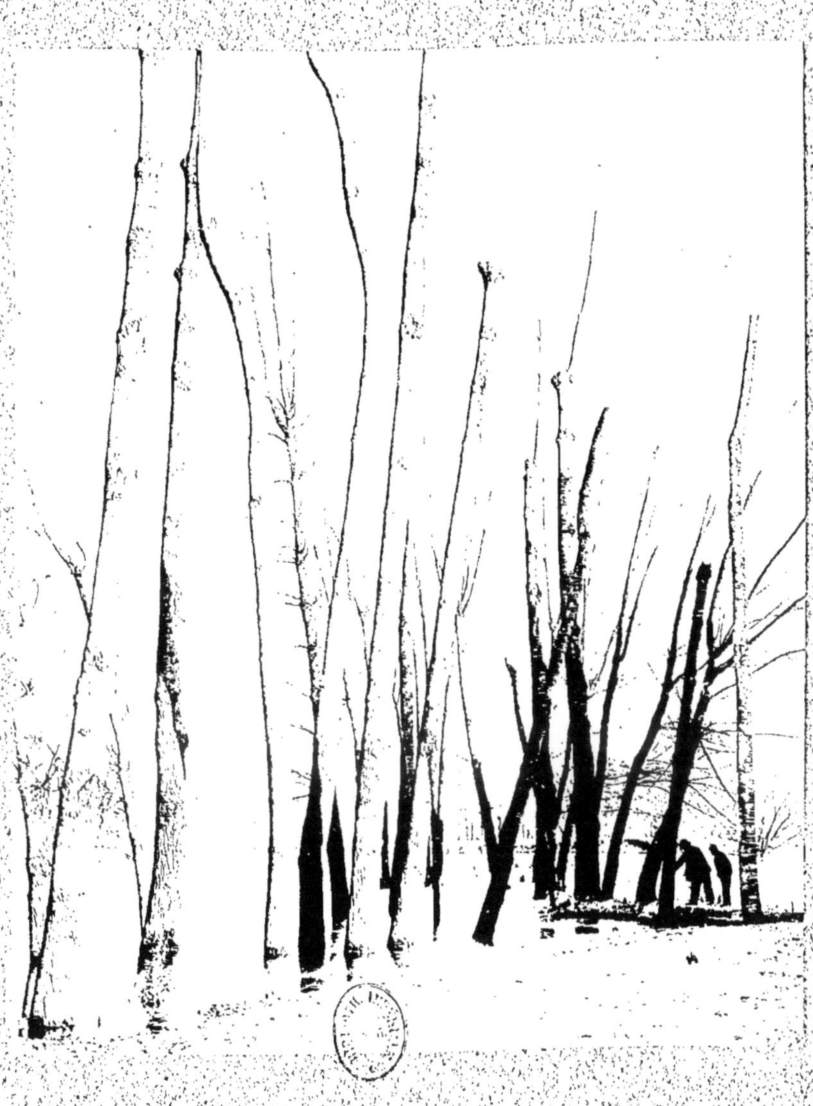

TEMPS DE NEIGE

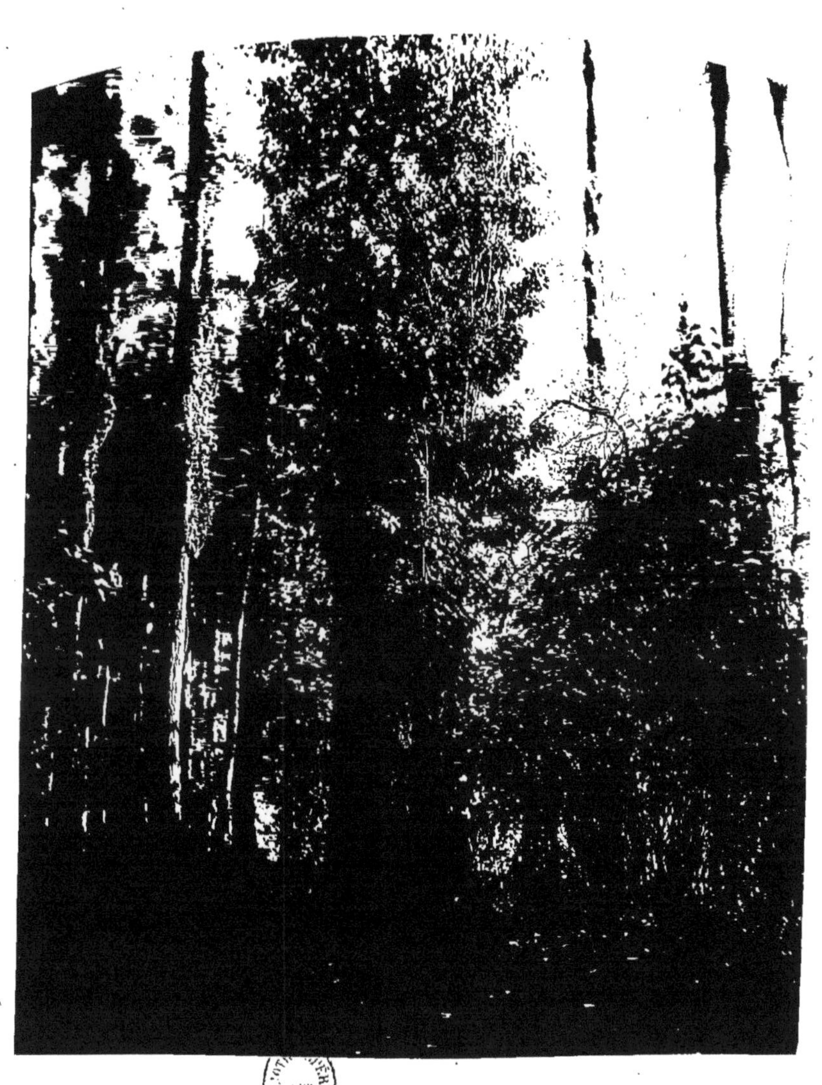

ÉTUDE

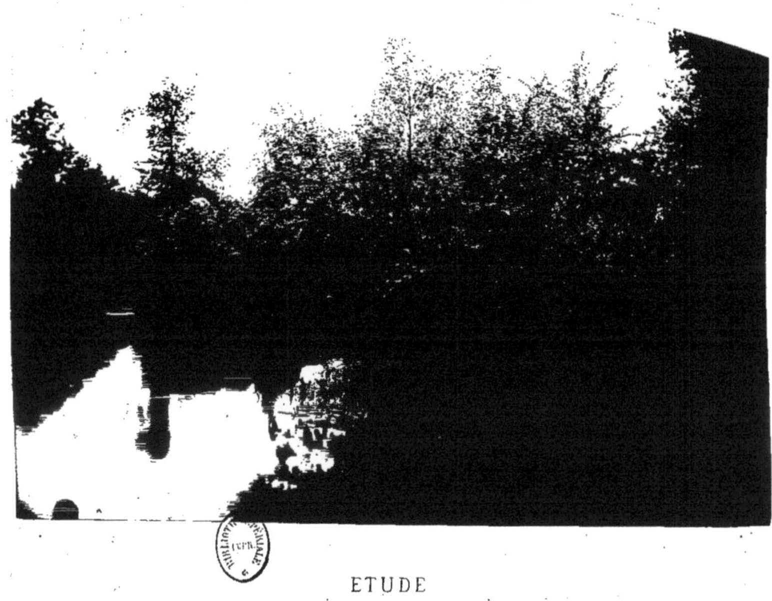

ETUDE

Ildefonse Rousset Photo

28

ÉTUDES PHOTOGRAPHIQUES.

Huitième Livraison.

J'ai dit quelques mots déjà de la photographie qui a pour titre *le Repos*. Je la considère comme une des meilleures de ce recueil, parce qu'elle réunit les deux termes du problème dont les photographes poursuivent la solution, c'est-à-dire l'homme et la nature.

Nous sommes au milieu d'une riche campagne; sur le premier plan, de grands arbres déploient les splendeurs de leurs branches et de leurs feuillages. Des ouvriers, accroupis au pied d'un de ces arbres, prennent quelques instants de repos. Malheureusement ils ont tous les yeux fixés sur l'objectif qui absorbe leur attention. On sent que le photographe les a priés de rester un instant immobiles.

Quels jolis effets de lumière et quelle vigueur dans les arbres du tableau qui nous représente le clipper *la Capricieuse*, de Joinville! Aucun détail n'est perdu et je regrette que *la Capricieuse* n'ait pas serré sa grand'voile et sa misaine qui cachent une partie du paysage et font comme une grande tache grise sur le fond.

Les Environs du Viaduc de Nogent sont irréprochables. A droite, sur le premier plan, les arbres dessinent hardiment leurs gracieuses silhouettes sur un ciel pur. A gauche, de grands massifs de verdure et les arches du viaduc, fidèlement reproduites dans l'eau. C'est une composition délicieuse dont la couleur contraste agréablement avec les teintes grises du *Temps de neige*. Un vrai temps de neige, celui-là, car la neige tombe à flocons et dérobe les profondeurs du tableau, à peine entrevues. Comme cette nature est en deuil! comme les eaux du fleuve coulent tristement!

Quelque réussis que soient ces effets de neige, j'engage Rousset à n'en point abuser. La vie est préférable à la mort, la nature joyeuse et vivante est préférable à la nature engourdie.

L. J.

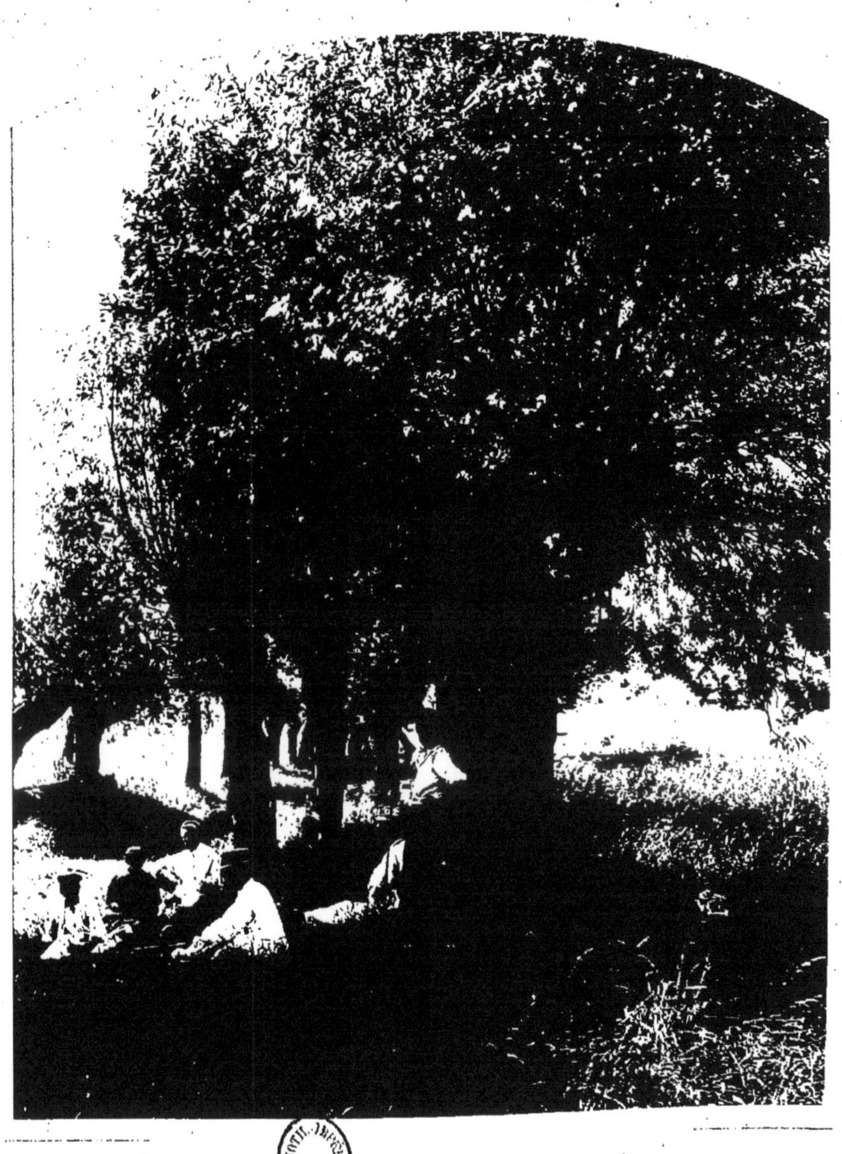

LE REPOS

Ildefonse Rousset. Phot.

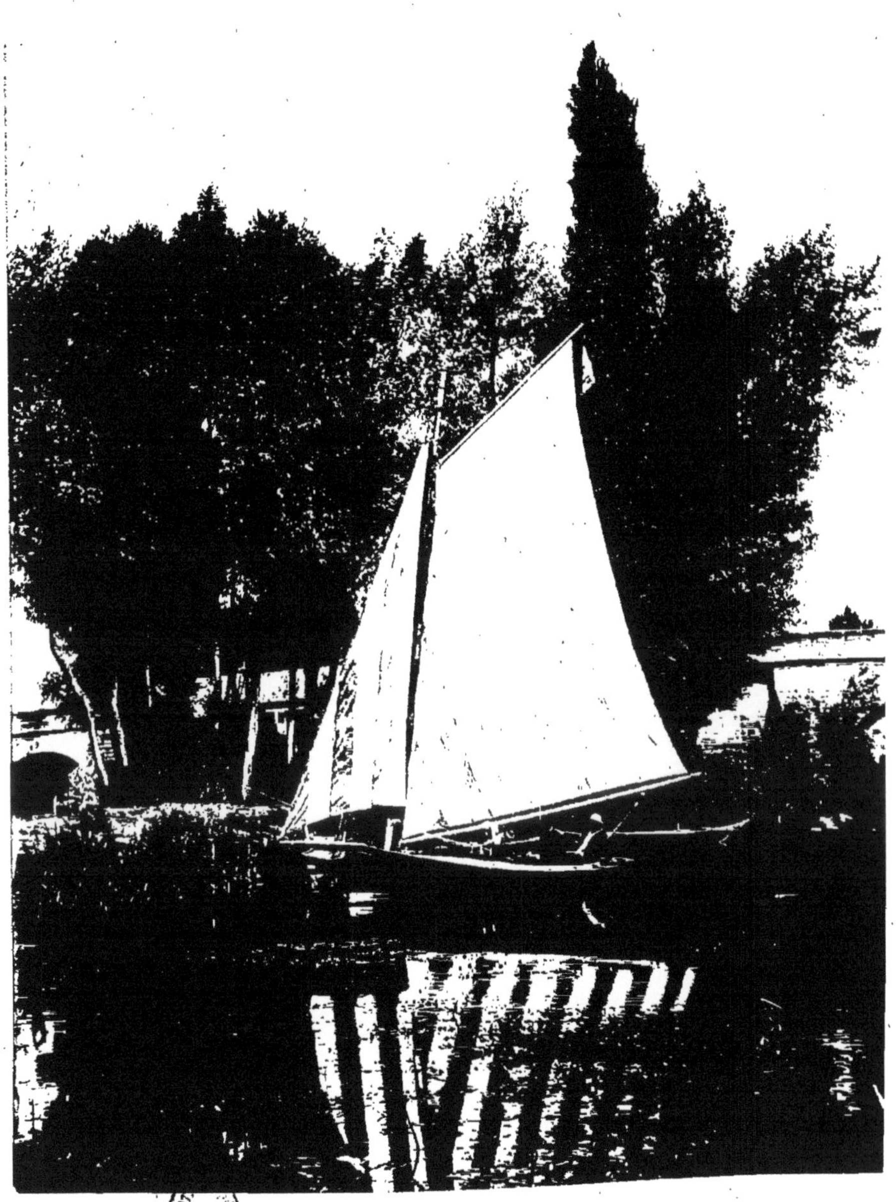

LE CLIPPER, LA CAPRICIEUSE

DE JOINVILLE

Ildefonse Rousset, Phot.

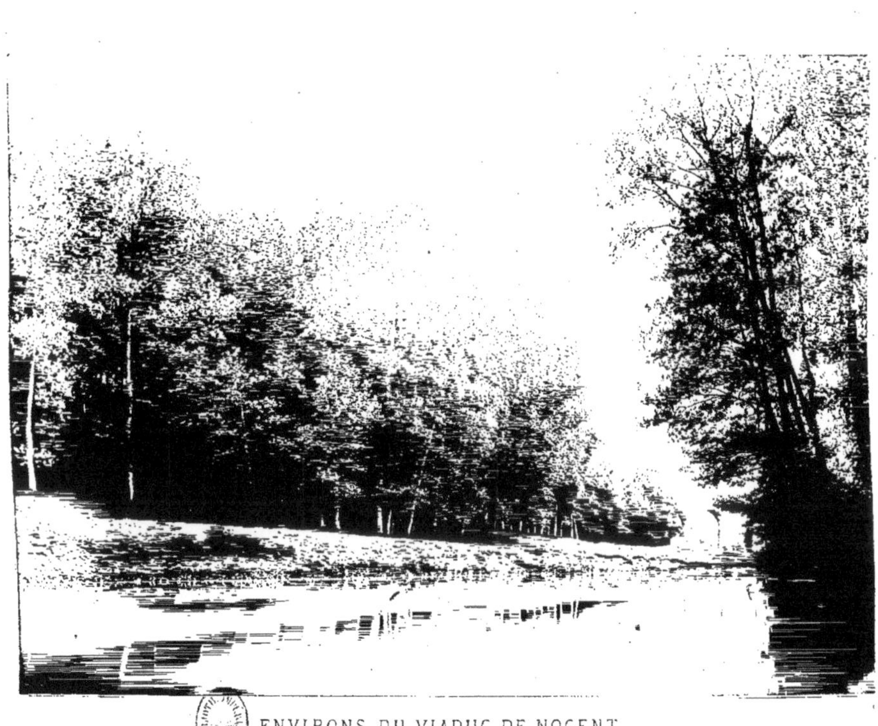

ENVIRONS DU VIADUC DE NOGENT

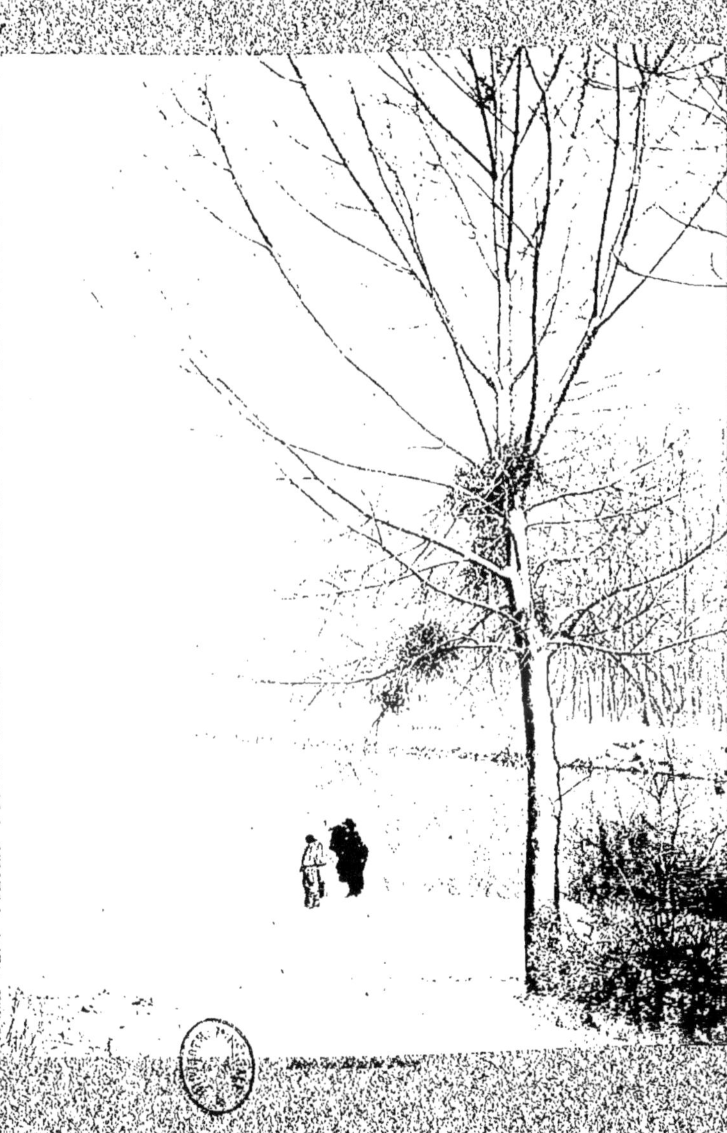

TEMPS DE NEIGE

ÉTUDES PHOTOGRAPHIQUES.

Je ne sais sur quel point délicat la jeune femme qui tourne le dos au spectateur, dans la photographie intitulée *la Consultation,* consulte cette matrone au visage sévère. Il y a donc quelque gros péché là-dessous? Je l'ignore, mais ce que je sais bien, c'est que les deux petites filles qui regardent cette scène sont d'une vérité charmante. Elles sont tout entières à leur attention, et font à elles seules un tableau de genre complet. Quelle finesse dans leurs traits et quelle vérité dans les moindres détails du costume! Ce petit groupe est, sans contredit, une des plus jolies choses de ce recueil.

Sous ce titre, qui revient peut-être trop souvent, *Étude,* nous trouvons ici un des plus beaux paysages que l'on puisse imaginer. Daubigny n'a rien trouvé de pareil. Tous les tons ont une valeur particulière qui s'harmonise merveilleusement avec l'ensemble. Il y a là un effet de lumière très-original.

Comme ces bords de la Marne sont coquets! Paris ne se doute guère qu'il a sous la main des sites enchanteurs. Regardez ces *Environs du Viaduc de Nogent!* Ne ressemblent-ils pas à quelque paysage du Nouveau-Monde? Quelle végétation harmonieuse et avec quelle complaisance elle se mire dans ces eaux limpides! Je reviens à l'observation que je faisais tout à l'heure sur l'abus des effets de neige. Cette *Halte de pécheurs* n'offre qu'un médiocre intérêt, et les filets étendus aux branches chargées de givre n'ajoutent rien au charme de cette composition.

Combien la vue des *Environs du Viaduc de Nogent* est supérieure, sous tous les rapports, à cette *Halte de pécheurs!*

L. J.

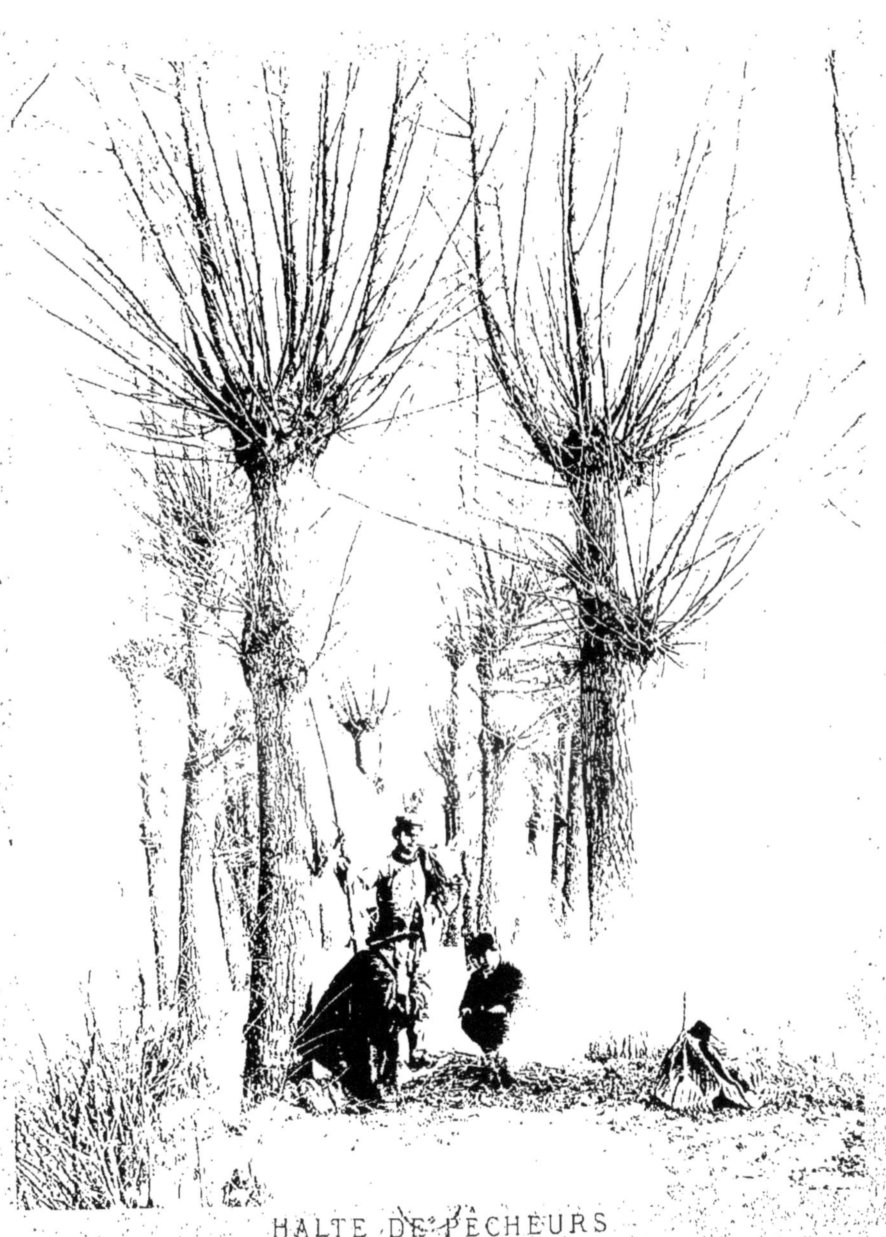

HALTE DE PÊCHEURS

TEMPS DE NEIGE

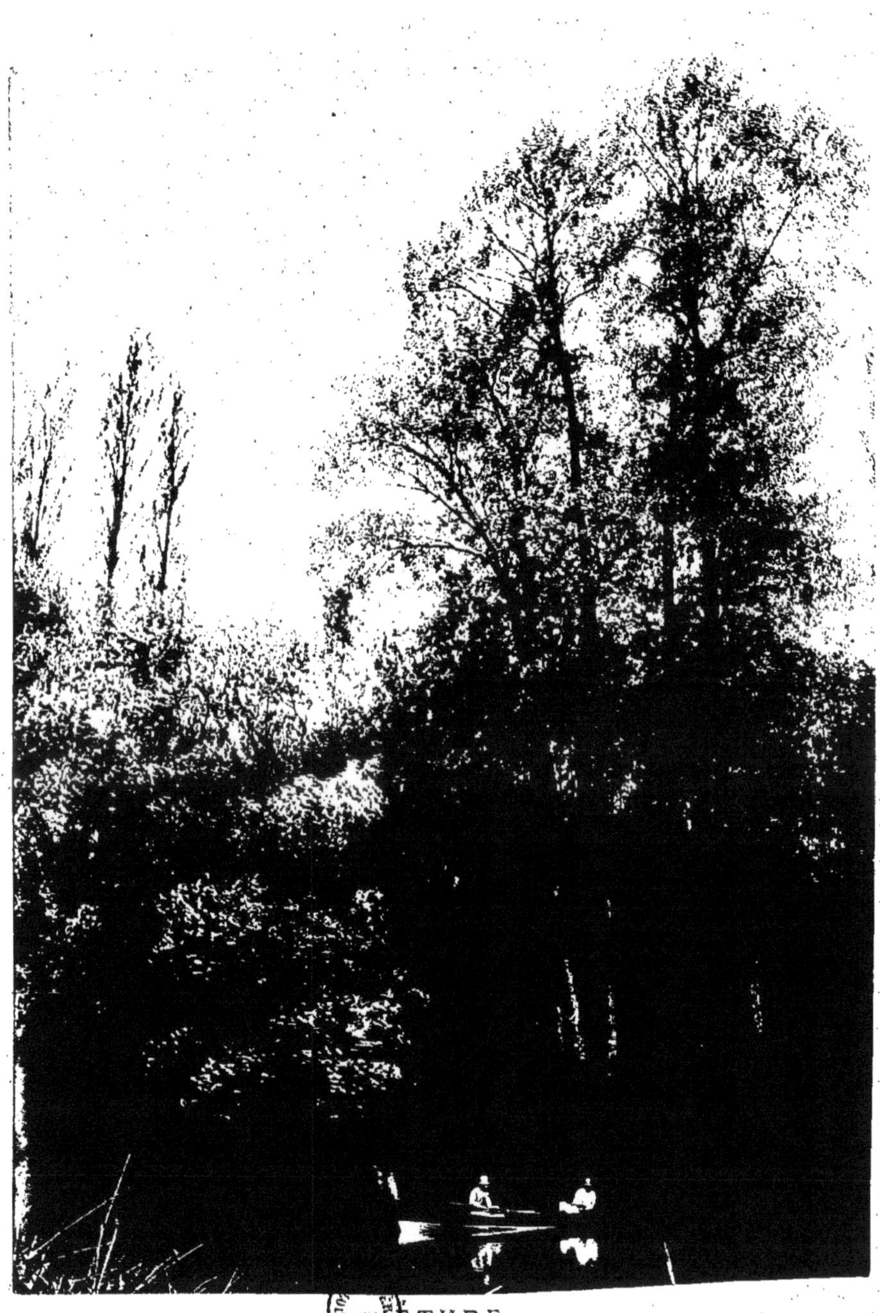

ÉTUDE

Ildefonse Roussel, Photo.

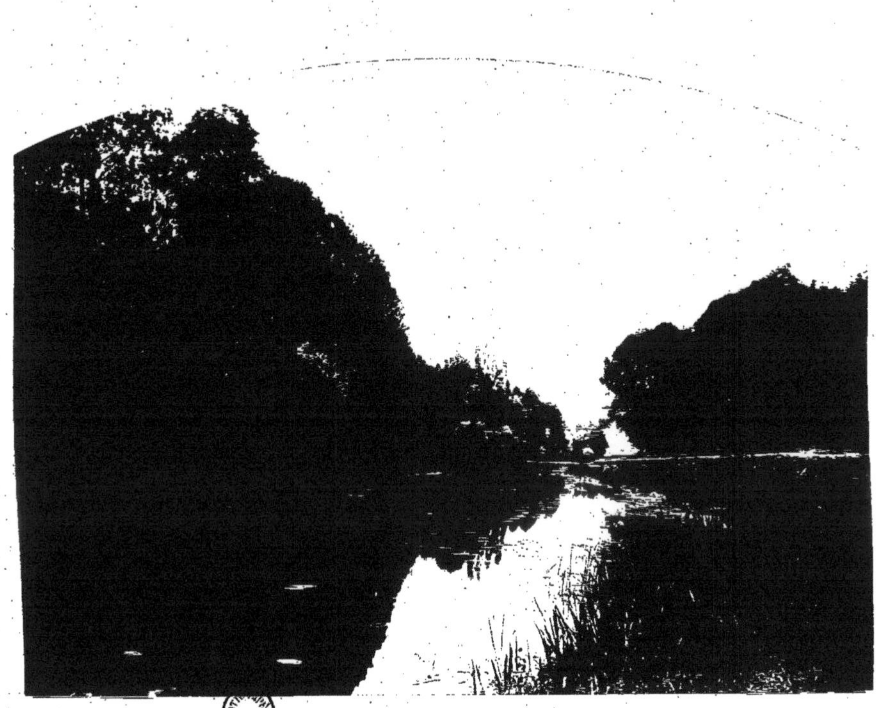

NVIRONS DU VIADUC DE NOGENT.
Etudes Photographiques. 95
Ildefonse Rousset. Phot.

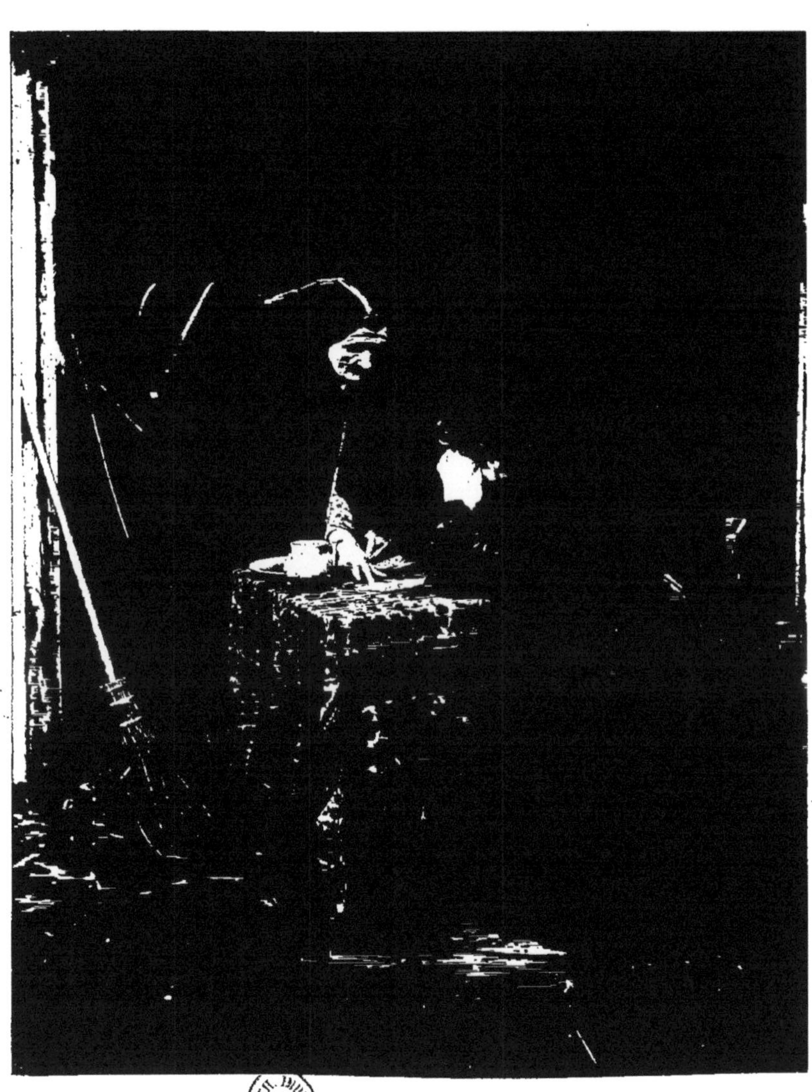

LA CONSULTATION

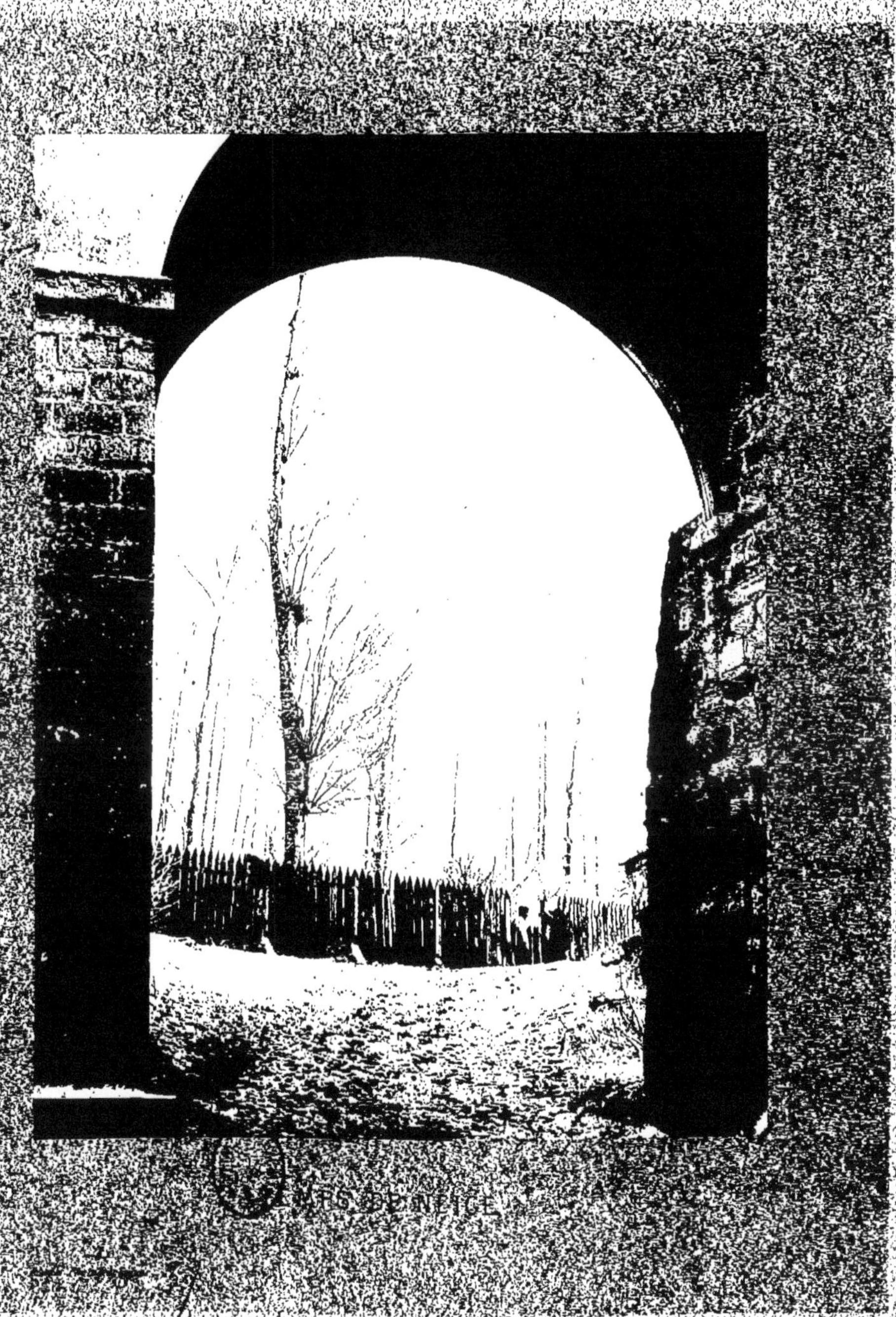

ÉTUDES PHOTOGRAPHIQUES.

Nous arrivons malheureusement au terme de notre tâche ; je dis *malheureusement*, car je ne me lasserais pas, comme un véritable enfant, de regarder ces images qui interprètent si fidèlement la nature.

Aux derniers les bons ! Les quatre photographies qui composent cette dernière livraison ne laissent rien à désirer, pas même la *Vue prise par un temps de neige*, qui est originale et charmante ; car la nature peut être charmante et avoir de doux sourires pendant les froides journées d'hiver.

La vue prise au *Moulin de Champigny* serait un tableau irréprochable, si cette grande barque disgracieuse, au lieu de présenter le flanc orné du N° 424, était placée en raccourci. Ne soyons pas injustes pourtant. Le fond de ce petit tableau est merveilleusement réussi.

Vous préférerez peut-être ces nouveaux *Environs du Viaduc de Nogent*, plus coquets encore et plus vivants que ceux de la livraison précédente. La lumière s'y joue plus librement et y produit des effets plus pittoresques, les ombres ont plus de vigueur et plus de netteté, l'eau est plus profonde. Nul maître ne composerait mieux ; il est vrai que la nature est le maître des maîtres.

Jugez-en d'après cette vue prise au confluent de la Seine et de la Marne, par un beau coucher de soleil. Le ciel est d'une pureté admirable. Les clartés du couchant se reflètent dans les nappes limpides du fleuve qui s'achemine lentement vers Paris, dont on aperçoit au loin, dans la pénombre, les hauts monuments. Déjà la nuit envahit la berge. Le ciel et l'eau sont seuls éclairés, et ce contraste d'ombre et de lumière produit un excellent effet.

Et maintenant, le rideau tombe. Il se lèvera prochainement, Messieurs et Mesdames, sur une nouvelle et très-originale œuvre photographique de l'infatigable Rousset. Nous aurons donc bientôt l'honneur de vous présenter *le Bois de Vincennes*, qui ne le cédera en rien au *Tour de Marne* et aux présentes *Études photographiques*.

L. J.

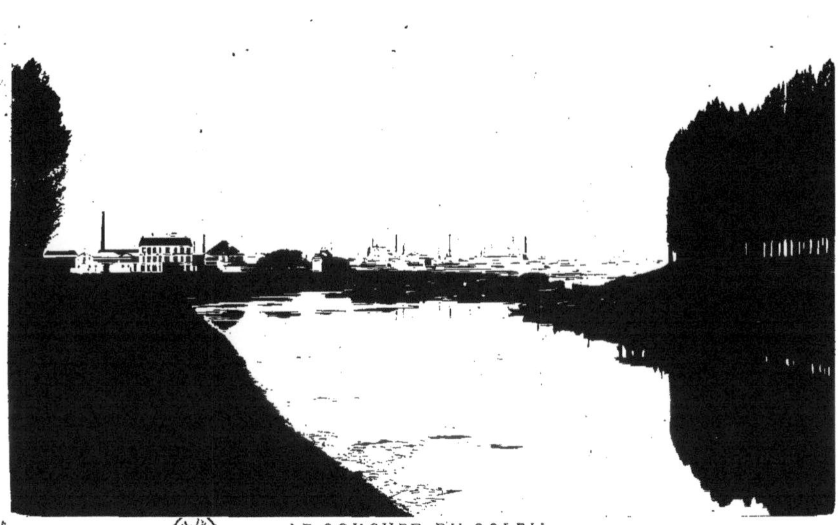

LE COUCHER DU SOLEIL

VUE PRISE DE LA BOSSE DE MARNE

au Confluent de la Seine et de la Marne

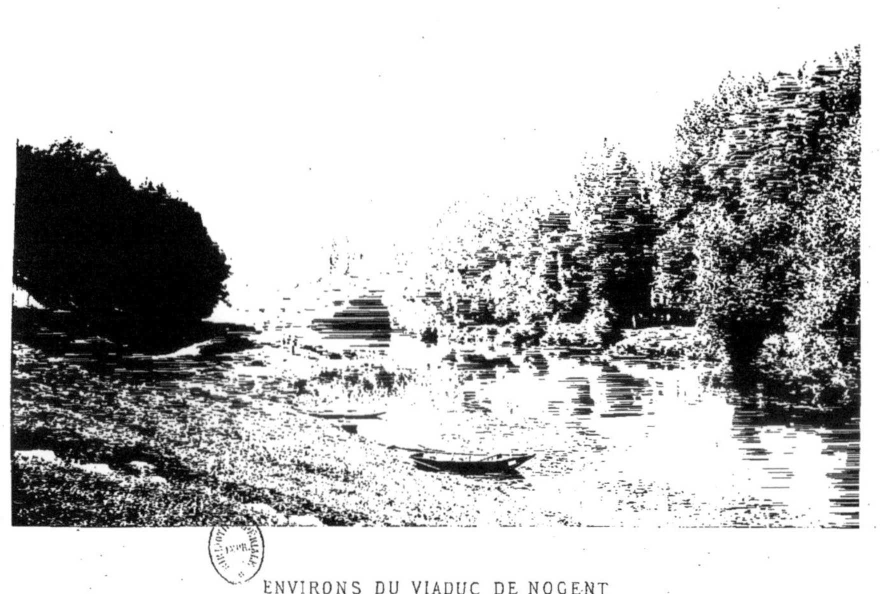

ENVIRONS DU VIADUC DE NOGENT

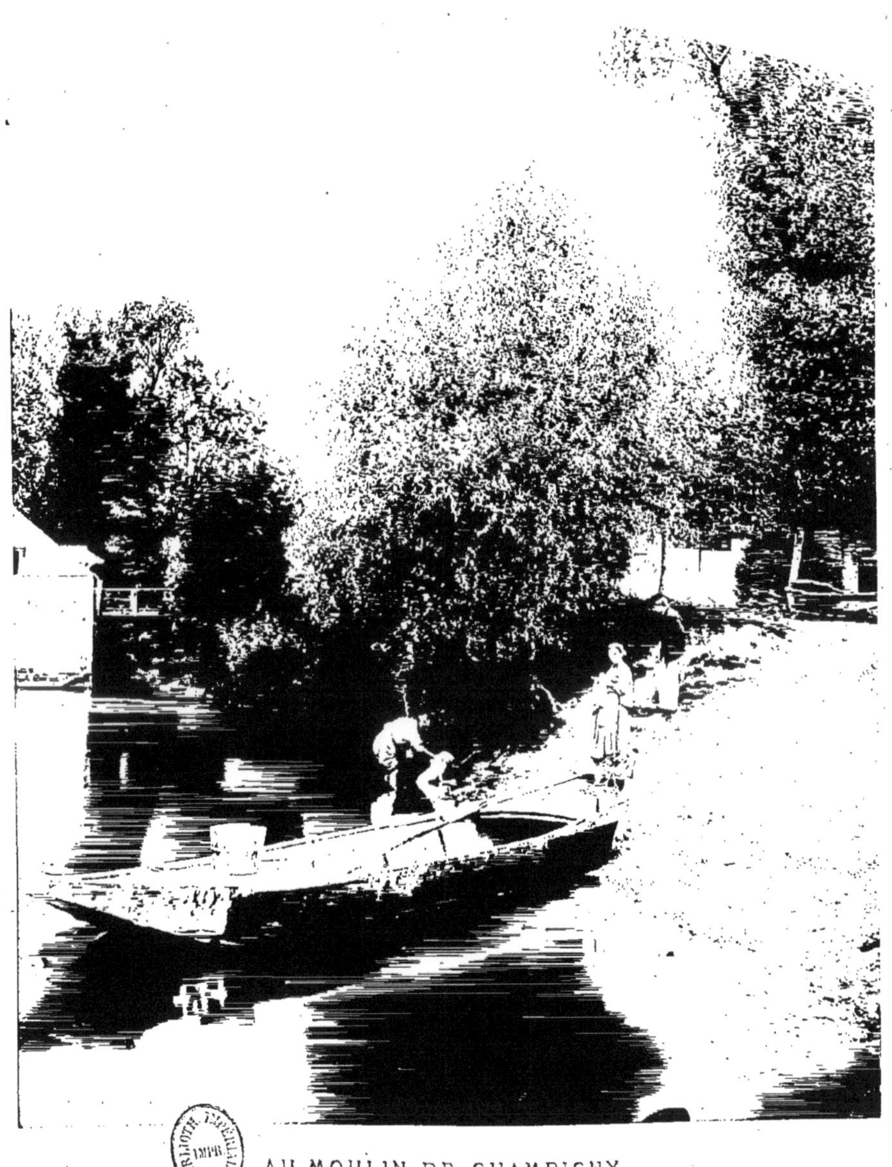

AU MOULIN DE CHAMPIGNY

Études Photographiques, 40   Ildefonse Rousset Photo

www.ingramcontent.com/pod-product-compliance
Ingram Content Group UK Ltd.
Pitfield, Milton Keynes, MK11 3LW, UK
UKHW022314070726
13614UKWH00002B/739